ISBN 2-9502601-0-1

© Copyright :
Janine JODEAU, auteur-éditeur, 1988

LA RAISON DU PLUS FORT

LA RAISON DU PLUS FORT

Janine JODEAU

« Dieu ne pouvant être partout, a inventé les mères ».

Extrait du TALMUD.

A toi, mon fils,
à qui j'aurais aimé
enseigner la simplicité
et l'amour du travail.

A ma mère moins que rien
pour les autres, mais qui fut tout pour nous.

1

POUR moi, tout avait commencé bien avant. J'eus d'abord la mauvaise idée de pointer mon nez sur cette terre, en plein jour de juin 1940, dans le village de C... vidé de ses habitants. Moi, plus courageuse sans le savoir, j'arrivai juste à temps pour saluer les Allemands.

Ce n'était sûrement pas, là, une bonne idée : il n'y avait plus de docteur, tous avaient fui. La Nationale venait de Paris et traversait le village. Il était de ce fait très exposé. La gare fut bombardée. Longtemps, après la guerre, sur ce boulevard, ce fut le triste spectacle de maisons détruites.

On dénicha, cependant, une sage-femme au pays voisin. C'est sans ménagement pour ma mère que l'on me mit au monde.

A-t-on idée aussi de faire l'amour pendant que les autres pensent à la guerre ! La déranger, elle, pour une enfant du péché ! Mon grand-père refusa tous les prétendants qui s'offraient à ma mère et qui lui plaisaient. Elle ne trouva bientôt plus que ce petit bossu. Il plut à son père car il avait un peu d'argent. (Il s'empressa de le gaspiller.) Gagnant fort peu, dépensant mal, buveur et brutal. En 1939, il adhéra au Parti Communiste. Ignorant et comprenant peu de choses, il y devint le plus fanatique des militants.

Avec le communisme, la misère et la discorde devinrent encore plus grandes. Mon père partait tôt le dimanche distribuer « L'Aurore », « L'Humanité », « La Terre »...

Il mettait un point d'honneur à vendre le maximum de journaux, alors il ne rendait pas les invendus. C'était lui qui les payait... Ma mère restait seule avec nous.

Elle crut trouver un peu de tendresse ailleurs. De tout temps, ce ne fut pas ce genre de consolateurs qui manqua ! Elle m'avoua, un jour, avoir beaucoup pleuré pour mon père naturel. Ce fut, sans doute, son seul amour. Les commères avaient fait gorge chaude.

J'avais une sœur de dix ans mon aînée et un grand-frère. Ils sont partis tellement tôt travailler que je ne me souviens même pas d'avoir vécu avec eux.

Lorsque mon père rentrait ivre, c'était une brute sanguinaire et hurlante. Combien de fois nous sommes-nous sauvés, passant une partie de la nuit dans les jardins ou les granges avoisinantes !

Un soir d'été, mon père tardait à rentrer. Ma mère, très inquiète car il avait emmené avec lui mon plus jeune frère, allait et venait sans cesse de la barrière à la maison. Lorsqu'ils apparurent sur le cyclomoteur, elle poussa un soupir de soulagement. Bientôt, le tout s'écroula en face de la maison voisine. Maman se précipita pour emmener son gamin (il avait peut-être sept ans à l'époque et mes parents étaient déjà divorcés. L'enfant était resté debout. L'ivrogne se débattait sous son engin. La seule vue de ma mère, prenant son fils dans ses bras, lui rendit sa force et son équilibre.

Maman accourt avec le petit. Je devine ce qui va suivre et je me précipite pour fermer les persiennes. Juste à temps pour ne pas voir les vitres voler en éclats !

Ce soir-là, nous passons une partie de la nuit dans le jardin d'en face car le père défonce la porte à coups de hache.

Vers minuit, les quelques passants rentrant du cinéma s'arrêtent pour écouter les âneries que débitent tous les ivrognes : « Saloperie, bande de propres à rien, elle m'a volé mes documents. »

Les passants, contents de trouver là une attraction supplémentaire (sans payer davantage), applaudissent et s'en vont contents : « Ah ! la mère J... a trouvé à qui causer ce soir ! »

Le « spectacle » aurait été plus drôle pour eux s'ils nous avaient vus dans le jardin : ma mère en robe d'été tenant mon petit frère endormi avec sa petite chemisette, moi en short et ma sœur en chemise de nuit vaporeuse ! C'était l'été, mais les nuits étaient fraîches...

Quand le ton baisse enfin pour s'éteindre, nous patientons encore un peu. Lorsque nous sommes certains que l'ivrogne est endormi, nous regagnons la maison, tremblants de froid et de peur. Tâtonnant dans le noir, retenant notre souffle avec la peur de le réveiller, nous retrouvons notre lit avec bonheur.

Combien de scènes semblables nous vécûmes après le divorce de mes parents ! (La maison appartenant aux deux conjoints, la Justice n'avait rien trouvé de mieux que de les laisser cohabiter.) Le père gardait sa chambre et ouvrait une porte de sortie sur l'extérieur. La porte de communication entre les deux chambres était juste fermée à clé, chacun ayant poussé de son côté une armoire devant. Cette armoire a souvent été renversée par mon père lors de ses crises.

J'ai vu à maintes reprises maman, couverte de sang, aller se plaindre à la gendarmerie.

On ne s'en occupait pas trop. Le père tapait sur sa bonne femme, c'était son droit puisque c'était sa chose à lui. Tant qu'il ne l'avait pas tuée... !

2

NOUS avions comme voisins de droite un couple : lui, travaillait à la S.N.C.F., un véritable ours, prononçant peu de mots dans une journée. Elle, une brave femme qui ne nous a sans doute voulu aucun mal.

Ce dont je me souviens le mieux, ce sont leurs enfants : Michel, ayant le même âge que moi et Micheline, de deux ans plus jeune. Ils vivaient toujours enfermés à clé chez eux. Un deux-pièces-cuisine et une cour de huit mètres carrés. Nous ne pouvions que discuter par-dessus le grillage du jardin.

Le matin, je partais à l'école et de, la barrière, j'appelais très fort : « Micheline ! » (Souvent, elle était partie sans m'attendre.) Nous faisons route ensemble, puis, arrivées dans la cour de l'école, elle m'abandonnait à ma solitude.

Pour mon petit frère, sa maman était devenue « Maman Chichine ».

Comme voisins de gauche, nous avions une vieille femme ayant avec elle une jeune fille de l'Assistance Publique : Jacqueline. Maman aimait bien cette fille. N'ayant d'affection de personne, elle travaillait là où elle pouvait : tantôt vendeuse sur les marchés, tantôt laveuse ou serveuse dans les restaurants...

Un jour qu'elle resta plus longtemps sans travail, elle demanda à Maman si elle voulait bien lui acheter une paire de draps. Maman, qui n'était riche ni en draps ni en argent, lui dit :

— Je peux t'en acheter un, c'est tout. Veux-tu que je demande à la voisine si elle veut que tu lui cèdes l'autre ?

L'affaire fut faite de part et d'autre sans méfiance.

Un peu plus tard, les gendarmes se présentèrent chez « Maman Chichine ». Maman, qui les aperçut, comprit tout en un éclair et se paniqua. Elle alla se cacher dans le lavoir. Eut-elle envie de se suicider ? Je ne sais pas. Moi, à ce moment-là, c'est ce que je compris et je crois même avoir entendu dire qu'on l'avait repêchée.

J'étais jeune, huit ans peut-être, mais je me souviendrai toute ma vie de ma petite Maman qu'on emmenait les menottes aux poignets comme le dernier des assassins.

Il y avait des gens autour qui criaient et se moquaient.

Mon père, qui était présent ce jour-là, était

bien content. Personne n'a pensé à moi. Mon petit frère, où était-il ? Je ne m'en souviens pas non plus. Toute la journée, j'ai joué avec les petites filles des gendarmes, au dehors.

Je n'ai pas quitté les lieux jusqu'à ce que l'on me rende ma Maman. La nuit commençait à tomber lorsqu'elle me revint.

Elle ne fut pas inquiétée par la suite, mais je garderai toute ma vie l'image de ma petite Maman qu'on emmenait les menottes aux poignets, et ces gens qui l'invectivaient. C'était affreux !

Je suppose qu'après ces événements, Maman ne parla plus à Jacqueline et « Maman Chichine » n'adressa plus la parole à Maman.

Souvent, c'était moi qui allais faire les courses à l'épicerie du coin d'où partaient bien des cancans.

Je me rendais compte qu'à mon entrée, les conversations s'arrêtaient pour repartir sur quelques sous-entendus. J'étais jeune et bien innocente et je préférais n'être pas trop sûre de ce que je comprenais.

Nous allions à l'épicerie « au carnet », comme beaucoup, à cette époque d'après-guerre. Au boucher, très peu et pas tous les jours : une grillade pour nous trois. Quand Maman tuait un lapin de son clapier, c'était festin et je me régalais à l'avance, alors que je n'étais pas fichue d'avaler cette sacrée viande que je tournais et retournais dans ma bouche.

Ce n'était pas la richesse, mais nous n'avons jamais réellement manqué de quelque chose. Si nous n'étions pas coquettement vêtus, j'ai toujours eu un manteau et l'hiver, j'étais chaudement couverte.

Maman cousait, tricotait. Avec du vieux, elle faisait du neuf. Beaucoup plus tard, j'ai appris que, pour nous, elle s'était prostituée. Oh ! deux copains généreux et discrets car je ne m'en apercevais même pas. Lorsque je l'ai appris, je me suis souvenue de certaines absences le soir.

Maintenant que je mesure le courage qu'il fallait à une âme sensible et tendre comme l'était Maman, je ne l'en aime que davantage.

A l'époque, il n'y avait pas d'usine, Maman aurait pu nous placer chez quelques mégères pour aller travailler à la campagne en échange d'un salaire de misère qui aurait à peine suffi à payer notre garde. Ainsi, elle put nous garder près d'elle et nous choyer.

Maman avait cependant une morale et savait se faire respecter !

« Maman Chichine » partait avec ses deux enfants pendant les vacances scolaires dans sa Bretagne natale, laissant son mari la rejoindre plus tard.

Son mari s'ennuyait et faisait des offres malhonnêtes à ma mère. Offres qu'elle refusait par amitié pour sa voisine. Je voyais avec regret, et sans savoir pourquoi, le beau panier de fraises passer sournoisement par-dessus le mur, faire un rapide aller-retour.

Je me souviens aussi de ce soir où, mon frère et moi, nous étions couchés : profitant de l'absence de Maman, nous menions grand tapage. Tout à coup, des cris et des coups nous firent taire, effrayés.

Quelques secondes plus tard, Maman rentre et sa présence nous rassure.

Elle écume de rage et de jubilation. Elle ne peut se retenir de parler seule. Quelques mots, quelques bribes de phrases, et je comprends à demi : ce « salaud » qui devait avoir envoyé un mot d'insanités, avertissant de sa venue, n'aurait pas envie de revenir de sitôt !

3

BEAUCOUP plus tard, Maman reparle à Jacqueline et à Mme D..., et comme tous bons voisins, il y a parfois quelques critiques.

Le modernisme s'installe peu à peu ; Maman a pu s'acheter un réchaud à gaz à deux feux et « Maman Chichine » a trouvé à redire : il aurait mieux valu acheter un couvre-pieds. Elle-même continue à casser du bois pour faire la cuisine, mais elle s'est offert la radio. Moi, je trouve cela formidable ! Il y a de la musique et l'on sait ce qui se passe dans les autres pays. Les voisins l'écoutent très peu. Ils l'éteignent après les informations. Le jeudi, Michel et Micheline ont le droit d'écouter une histoire.

Je me demande comment ils ont passé leur enfance... Quels souvenirs en ont-ils gardés ? Privée de liberté à l'intérieur comme à l'extérieur, comme j'aurais été malheureuse !

Nous n'avons pas de jouets, mais un tas de jeux s'offrent à nous. Nous pouvons construire une balançoire, une tente avec une vieille couverture tendue sur deux perches appuyées au mur : c'est la maison où je joue à la poupée.

Mais mon jeu préféré est de faire courir des escargots sur une planche sur laquelle je dessine des couloirs que chacun doit suivre. C'est amusant car il faut souvent remettre les fameuses bêtes dans le droit chemin et c'est à qui va le moins vite ! La course dure très longtemps et c'est « Arc-en-Ciel » ou « Jaunet » qui gagne.

L'été, quand il faisait trop chaud pour jouer, je fixais le ciel, bien allongée sur une couverture et j'imaginais mille choses dans les nuages : la femme au parapluie s'allongeait, se déformait pour former une tête d'homme au long nez.

Avec mon petit frère, nous trouvions toujours un coin de jardin pour construire une vraie demeure de troglodytes dont les soldats étaient représentés par des rouleaux de pellicules vides que le photographe nous donnait pour jouer.

Il y avait aussi les promenades que nous faisions dans la campagne, assez rares avec Michel et Micheline (j'avais l'impression qu'ils devaient ne pas trop se mêler à nous, que nous n'étions pas trop fréquentables). Mais l'été, j'avais des petites amies qui venaient en vacances à C... et nous avions un plaisir fou à nous laisser glisser du haut de la carrière jusqu'en bas dans le sable fin qui nous dorait la peau. Cette carrière, nous l'appelions « l'Oiseau des fées » et nous avions découvert, juste en face, un coin magnifique, perché sur un haut talus ; nous étions bien abritées par les branches basses d'un acacia, c'était le « Nid d'aigle ».

Je savais déjà que le monde était mauvais et je commençais à me réfugier dans la poésie et la nature.

C'était la campagne d'après-guerre et quand je m'en souviens, il me semble que les coquelicots et les bleuets tachaient les champs de rouge et de bleu comme sur des aquarelles, et les grillons chantaient si fort ! Notre route n'était pas encore goudronnée et laissait voir, par endroits, ses rangées de pavés gallo-romains.

Il régnait alors une tranquillité, une paix retrouvée que l'on savait apprécier.

J'aurais dû être une enfant heureuse : à la maison, j'étais bien quand le père n'y était pas. L'école, cela n'allait pas. J'étais très timide, ce qui n'arrangeait rien. Mais je n'étais pas une élève trop médiocre malgré la discrimination que mes camarades exerçaient contre moi. Puis, Maman fut hospitalisée plusieurs mois. Nous fûmes confiés à la crèche de l'hôpital. Je ne me souviens pas y avoir suivi quelque cours que ce soit. Mon année scolaire fut gâchée.

Une image s'est gravée dans mon cœur : à cette sortie d'hôpital, nous retrouvons une Maman faible et encore fragile sur ses jambes et notre maison semble abandonnée. Quelques jours plus tard, la maison reprend vie et Maman de nouvelles forces. Nous n'avons qu'elle et il nous faut une Maman forte.

J'eus du mal ensuite à l'école : je ne travaillais pas si mal, mais j'avais une sainte horreur du calcul et il y avait tout ce retard à rattraper !

A la récréation, j'étais seule dans un coin, personne ne s'intéressait à moi, mes camarades de classe se moquaient de moi quand elles le pouvaient. Le pire, ce fut les dernières années avec cette directrice si dure ; elle n'arrêtait pas de me harceler, m'appelant sèchement par mon nom de famille, tandis qu'elle appelait gentiment les autres par leur prénom. Je dois pourtant lui rendre justice : elle me fit beaucoup travailler pour avoir ce certificat qui semblait si important pour tous.

J'aurais peut-être eu de meilleurs résultats et moins de mal dans une meilleure ambiance. J'étais très timide et lorsque j'étais désignée pour aller au tableau, j'appréhendais les rires et les quolibets qui allaient immanquablement suivre mon apparition. Je me levais, rouge, raide et empruntée. Comme pour finir de me mettre mal à l'aise, la maîtresse, qui n'avait pas dû suivre des cours de psychologie, disait : « Ma pauvre J..., on dirait que vous marchez sur des œufs ! » Toute la classe riait et j'aurais voulu être sous terre.

Le jour du certificat, à midi, nous confrontons nos résultats. Le matin, nous avons passé l'épreuve de calcul. Je constate que j'ai raté le problème noté sur douze. J'ai droit comme encouragement de la part de cette institutrice : « Ma pauvre J..., vous l'aurez votre feuille de chou ! » Si bien que je passe l'heure du déjeuner à pleurer. Le soir, l'examen terminé, groupés dans la cour de l'école, anxieux et tendus pour entendre notre nom, le nom de celui qui est reçu, nous sommes là, et moi, perdue au milieu de tous, sans espoir, j'entends, sans y croire, mon nom...

J'appris, plus tard, qu'un vingt en orthographe et un dix-huit en français m'avaient sauvée.

A ce jour où j'exerce un métier peu commun « pour une femme » — ce qui force l'admiration, le respect et peut-être l'envie des autres —, je souris quand j'entends encore cette voix lointaine me dire : « Ma pauvre J..., vous ne ferez jamais rien dans la vie ! »

J'ai pris ma revanche, mais les dernières années de ma jeunesse m'ont beaucoup marquée.

4

MAIS bientôt Maman connaît une autre histoire avec Jacqueline. Jacqueline est une fille légère. Quelquefois, elle demande la permission de m'emmener au cinéma et je suis heureuse de la suivre. Je sais que ce n'est pas là qu'elle va mais j'aime ces promenades odorantes dans la campagne de l'été.

Cachée dans l'herbe haute d'un fossé, au bord d'une petite route ou d'un chemin, Jacqueline retrouve un amoureux. Je les entends se bécoter, mais je ne m'inquiète nullement de ce qui se passe.

Sur la poussière d'or du chemin, je cours après ma balle et lorsque je suis trop fatiguée, je viens m'allonger, moi aussi, dans les herbes.

J'écoute avec ravissement le pépiement des oiseaux qui s'endorment, le chant des grillons. J'observe le balancement de la branche au-dessus de moi, agitée par la brise du soir. Et tout cela sent si bon !

Je ne m'occupe pas des amoureux et ils ne s'occupent pas de moi. J'aime pourtant ces sorties et je reste muette sur leur véritable but.

Un jour, il arriva ce qui devait arriver sans doute : Jacqueline est enceinte. Affolée, elle en parla à Maman qui ne put lui conseiller que des remèdes de bonne femme : lavage à l'eau salée ou sauter du grenier. Jacqueline dut chercher ailleurs et pour cela, elle en parla autour d'elle. Elle trouva sans doute une bonne « faiseuse d'ange ». Les mauvaises langues ne la virent pas grossir et les ragots allèrent bon train... De bouche à oreille, les choses allèrent trop loin. Un jour, les gendarmes ouvrirent une enquête. Jacqueline dénonça Maman. C'était normal, elle n'allait pas dénoncer le véritable auteur de son avortement. Une personne qui lui avait été si utile et qui pouvait encore l'être !

Maman fut condamnée à quinze jours de prison avec sursis et une amende et cette histoire pesa lourdement sur sa vie et sur la mienne, comme on le verra plus tard.

De ce jour, les relations avec Jacqueline furent définitivement rompues.

Vingt ans plus tard, je me trouvais à la maison quand une personne de sa famille adoptive qui avait incriminé ma mère se présenta dans les mêmes conditions et lui demanda effrontément de lui pratiquer un avortement. Maman en colère la pria brusquement de sortir de la maison, la menaçant d'avertir les gendarmes.

L'histoire aurait pu recommencer car on ne la vit jamais enceinte par la suite...

C'est le 13 juillet 1953, un jour d'été comme les autres. Il fait beau et chaud. Mon petit frère que nous appelons « Gamin » a pris sa voiture imaginaire. Sa musette au dos et force « vroum-vroum », il fait son tour par le chemin et les routes avoisinantes.

Maman, s'aperçoit qu'elle n'a plus d'allumettes, appelle mon frère et l'envoie chez l'épicière. Le gamin, tout heureux que sa petite voiture lui serve vraiment, repart sur-le-champ.

Cependant, une heure s'écoule et il n'est pas revenu. Maman, intriguée, sans être plus inquiète, se demande quels détours il a entrepris.

Le guettant à la barrière, elle le voit apparaître au sommet de la petite côte. Il avance péniblement, d'une allure fatiguée et ne peut parcourir les derniers trois cents mètres sans s'asseoir au bord du fossé.

Soudain, inquiète, elle vient le chercher et l'emmène dans ses bras. Après avoir constaté qu'il a une forte température, elle appelle le docteur qui diagnostique des suites d'angine.

C'était le vendredi soir. Il ne restait plus qu'à lui administrer les médicaments et attendre le mieux qui devrait s'ensuivre. Cependant, le samedi, la fièvre ne baisse pas de la journée et le lendemain matin, Maman, revenant de chez l'épicière, avec le lait frais, trouve mon frère en boule sur la descente de lit : il avait voulu se lever pour aller sur le seau et il était tombé sans pouvoir se relever.

Pour la première fois, mon petit frère, qui est toujours intenable, même malade, reste tranquille, inerte, abattu, tellement dévoré de fièvre qu'il ne manifeste plus aucune velléité pour sortir du lit.

Maman confie ses inquiétudes à une voisine habitant plus haut et qui lui paraît très instruite. Elle lui conte l'événement du matin, la voisine lui parle de paralysie infantile, ce qui n'est pas de nature à rassurer Maman.

Donc, le dimanche matin, elle va sonner chez le docteur pour lui expliquer l'état du petit. Le praticien la reçoit fort mal, criant qu'il était venu l'avant-veille et que les médicaments ne commenceraient à produire leur effet qu'à partir de ce jour. Maman passe la journée à « se tourner les sangs », guettant une amélioration.

Le soir, la fièvre avait encore monté, le malade délirait. N'y tenant plus, tremblante de l'accueil qu'on allait encore lui réserver, elle se résolut cependant à demander au docteur une nouvelle visite.

Il arriva fort tard, furieux d'être dérangé pendant son week-end. Méprisant, imposant par sa haute taille et ses cheveux blancs. Maman le craignait et l'avait surnommé « Le grand sauvage » à cause de sa brusquerie.

Dès qu'il eut ausculté mon petit frère, il gronda ma mère de ne pas l'avoir appelé plus tôt. Il fallait l'hospitaliser d'urgence. Il alla demander à mon père de l'y conduire. Mon père, indifférent, rouspéta, mais le docteur cria plus fort que lui, et il dut s'exécuter.

Cette nuit-là, je la passai chez ma belle-sœur, car mon frère aîné était marié et militaire. Elle était presque aussi jeune que moi. Nous nous amusâmes comme deux gamines que nous étions encore, insouciantes du malheur qui s'abattait sur nous, insconscientes du danger que courait mon jeune frère.

Pendant ce temps, dans la nuit noire, le vent et l'orage, mon père jure tous les diables au volant de sa vieille voiture bringuebalante et ma mère serre son petit dans ses bras, pleure d'inquiétude. C'est pour elle et pour lui le début d'un long calvaire.

Arrivés à l'hôpital, ce furent, toujours trop longues, les formalités d'admission. Mon jeune frère fut isolé pavillon des contagieux. Quand je revis ma mère, j'appris qu'il avait la poliomyélite et qu'une de ses jambes était paralysée. La maladie dure quarante jours. Quarante jours de fièvre et de contagion pendant lesquels le corps lutte contre le microbe, et la paralysie gagne toujours du terrain.

Au bout de deux jours, la deuxième jambe était prise, puis ce fut l'épaule gauche. Maman appréhendait de plus en plus anxieusement ses visites à l'hôpital. A la maison, je la voyais pleurer.

C'était le premier cas de polio dans la région, personne ne s'en méfiait. Deux autres cas se déclarèrent ensuite près de chez nous. Prise à temps, la maladie ne laissa que peu de séquelles.

Cependant, de différents points de la Sarthe, jeunes et moins jeunes affluèrent à l'hôpital du Mans pendant le séjour de mon frère.

Une belle jeune fille de 20 ans venant de la région de Sablé arriva en urgence un après-midi. Elle fut placée dans un poumon d'acier. Elle devait mourir le soir-même. Il y eut beaucoup d'autres décès.

C'est dans cette ambiance que Maman tremblait de plus en plus pour la vie de son enfant.

Enfin, les quarante jours passèrent, quarante jours de cauchemars. Tout danger d'issue fatale était écarté. L'inquiétude fit place à la joie. Une joie de courte durée. Il faut se rendre à l'évidence : mon frère a perdu l'usage de ses jambes pour toujours. On espère cependant le faire remarcher à l'aide d'appareils orthopédiques grâce à une longue rééducation dans un centre spécialisé.

5

C'EST pendant sa maladie que je partis en colonie de vacances. Une idée de cette marâtre de maîtresse. Maman était plutôt contre car elle avait fait l'essai une année et après trois semaines passées au Croisic, j'étais revenue plus maigre qu'avant. Mais Madame la Directrice prenant les choses en main, Maman n'avait pas grand-chose à dire.

Pour moi, ce furent mes premières belles vacances...

Là-bas, je n'étais plus cette pauvre J... que tous, au pays, méprisaient ; j'avais des amies, toutes de la Sarthe, une seule de C..., ainsi que le fils du photographe.

Nous fîmes de magnifiques promenades. Je

découvris la poésie de la montagne avec ses villages rustiques et ses joyeux torrents.

Pendant mon séjour, ma mère m'écrivit. Mon frère était hospitalisé à l'hôpital de Garches. J'essayai de cacher mon chagrin ; ainsi, mon petit frère, que nous appelions toujours « Gamin », était parti sans moi. Je ne savais pas quand je le reverrais. Le Bon Dieu ou le diable s'acharnait contre lui. Lui qui s'était révélé en plusieurs occasions « pas comme les autres ».

Pour l'école, Maman était obligée de le prendre dans ses bras et de le descendre jusqu'en bas, car devant ces huit marches ou sur un pont, il était pris d'une sorte de blocage qui le faisait se contracter. Par contre, en classe, il était si décontracté qu'il sifflotait ou chantait comme s'il était seul et ne s'occupait pas du cours. Le maître l'avait placé dans le fond de la classe afin qu'il ne gêne pas trop.

Je doute qu'il fût capable de rester assis pendant des heures. Finalement, il fut refusé à l'école et n'a jamais rien appris. Il n'avait pas de tête, maintenant il n'avait plus de jambes. Si quelquefois il était cruel avec moi, je l'aimais bien pourtant, alors je pleurais dans un coin de la cour en lisant la lettre m'annonçant son départ.

La cuisinière, une brave femme du pays, avait vu mon chagrin et s'était renseignée sur la raison de mes pleurs. La camarade de C... lui raconta je ne sais quoi. La pauvre dame, tout attendrie, m'offrit un beau billet le jour où nous allâmes en promenade à Puycerda. C'était une somme importante pour moi et certainement pour elle à une époque où les salaires étaient si bas. En ville, je m'achetai un joli panier de raphia, je pensais que c'était un cadeau utile et qu'il me resterait toujours. J'étais très reconnaissante envers cette dame. Grâce à elle, j'allais ramener un souvenir.

Puis les jolies vacances prennent fin. Comme nous sommes contentes le jour du départ ! Nous allons revoir nos parents !

Dans le train règne une joyeuse animation. Chacun essaie de se retrouver dans le même compartiment que sa copine. Moi, j'ai perdu la mienne et je demande à la cheftaine de me la retrouver.

Comme toutes les autres, je suis heureuse de retrouver Maman. Arrivée à la gare du Mans, le désenchantement est au rendez-vous. La triste réalité reprend le dessus. Je redeviens la petite fille pauvre qu'on laisse de côté.

Maman, n'étant pas trop riche, avait demandé à la mère de l'autre petite fille de C... de me ramener. Mais elle préféra s'occuper du fils du photographe dont les parents étaient retenus pour des raisons professionnelles. Elle se sentait tellement flattée de s'occuper de ce fils de riches qu'elle fut aux petits soins pour lui. Moi, je dus me débrouiller seule. Je n'avais jamais voyagé. Je m'attachais à ses pas, écoutant ce qu'il fallait dire pour prendre son billet et je la suivais bien comme un petit chien pour ne pas me perdre.

Dans le train, je sentais une grosse boule monter et descendre dans ma gorge. Les yeux me piquaient, mais je retenais mes pleurs.

J'étais bien triste. A peine arrivée, je retrouvais la mesquinerie des gens de C... et elle m'apparaissait plus que jamais par contraste avec cette chaleureuse gentillesse des gens du Midi.

6

En ce temps-là, les mentalités voulaient que le mariage soit le seul avenir possible pour une fille. Cependant, comme il fallait bien qu'elle travaille avant, chacun s'occupait de caser sa fille le mieux possible, surtout lorsqu'elle avait réussi ses études. Les écoles professionnelles devenaient très à la mode.

Avec mon certificat d'études, Maman pensa bien à me faire apprendre un métier. Le choix était restreint : couturière ou secrétaire. Coiffeuse en apprentissage : les places, là aussi, étaient rares. Infirmière ? Quelle était la filière ? Une chose était sûre : nous étions mal informés.

Maman fit pourtant des démarches, allant d'école en école : c'était sûrement cher, trop cher pour elle. Les écoles vite surchargées. La profession la plus prisée à cette époque était certainement sténodactylo. On était fier quand sa fille travaillait « dans les bureaux ».

Ces métiers offraient pas mal de débouchés à cause de la bureaucratisation qui ne cessa de croître. Puis, rapidement, les demandes dépassèrent l'offre. L'augmentation des naissances, le goût pour cette profession et la nécessité toujours plus grande pour les femmes de travailler, qu'elles soient seules, chargées de famille, ou simplement pour apporter ce deuxième salaire sans lequel il n'y aurait pas eu de véritable augmentation du niveau de vie, furent les raisons qui provoquèrent l'embouteillage dans cette voie.

Bref, pour avoir un métier, il fallait de plus en plus entrer dans ces écoles professionnelles, y rester trois ans, obtenir un C.A.P. et avoir, ô suprême récompense ! un métier mal payé.

Ma mère réussit enfin à me faire inscrire comme « parente pauvre » dans une école privée. L'élève doit faire du ménage et quelques travaux en échange des cours gratuits. Inscription toute relative puisque plusieurs « parentes pauvres » sont inscrites pour une seule place. Un choix s'impose et il faut attendre la réponse. Maman pense attendre longtemps.

C'était la période des vacances scolaires. Mon frère aîné, installé depuis sa démobilisation, avec sa femme et sa fille dans un village de la campagne beauceronne, Maman décida d'aller les voir.

En passant à Chartres, nous allâmes tenter notre chance à l'école Saint-Vincent-de-Paul. Là aussi, c'était complet.

Nous passâmes quelques jours en famille et nous rentrâmes un samedi matin. Une convocation de l'école privée où j'étais inscrite nous attendait. Maman reprit le train le jour même. Trop tard ! La convocation dormait sous la porte depuis le jour de notre départ, et l'école n'ayant pas eu de réponse de notre part s'est adressée ailleurs.

Maman s'en voulait terriblement. Moi, si je fus dépitée, les véritables regrets vinrent après, et longtemps j'eus l'impression d'être lésée, d'avoir quelque chose en moins.

La nouvelle année scolaire allait commencer, il fallait trouver quelque chose. Faute de mieux, Maman m'inscrivit dans un cours ménager : trois fois par semaine, j'allais au Mans.

Ceci ne me donnait rien, pas même un C.A.P. car il était réservé aux filles d'un niveau supérieur alors que l'enseignement était le même pour toutes.

J'y passai l'année et comme j'étais grande et chétive, cela me permit de prendre des forces lorsque l'école me plaça chez un docteur. Voilà, j'avais travaillé dur à l'école et les résultats étaient là, pitoyables : j'étais bonne à tout faire !

J'étais fière pourtant lorsque je pénétrai dans la maison où j'allais faire mes débuts dans la vie des adultes. Fière aussi de toucher ma première paie de misère. J'avais à peine 15 ans.

A l'école ménagère, les monitrices nous connaissaient peu. Je me fis des amies. J'aimais la ville. Là, je connus même mon premier béguin : il venait me chercher à la sortie de l'école et m'accompagnait jusqu'à la gare. Nous avions juste quelques minutes pour nous bécoter sur un banc.

Considérée comme les autres, je n'étais plus la petite fille pauvre qu'on laisse à l'écart. Peu à peu, je perdis ma timidité et ma gaucherie.

A l'école ménagère, j'appris à cuisiner, faire le ménage, coudre et beaucoup de choses qui me furent très utiles comme employée de maison.

J'avais beaucoup à apprendre, je sortais de ma campagne. J'ignorais ce qu'était un goûter d'enfant. Des légumes comme l'aubergine m'étaient encore inconnus. Nous autres, pauvres, nous vivions avec peu.

Cela me parut dur quand même. J'étais chargée de travail, ne sachant pas encore très bien m'organiser et commandée très souvent par des ordres contradictoires. Il me fallait encore frotter tout le linge à la maison, supporter quatre rejetons absolument infernaux à qui je devais le vouvoiement et surtout descendre et remonter l'étage à chaque coup de sonnette.

Le docteur avait une belle clientèle et j'étais dérangée très souvent. Je trouvais tout cela normal.

Ma sœur aînée, placée à Paris, m'écrivit qu'elle m'avait trouvé une place à l'étage au-dessus d'elle et payée double. Je refusais, il me fallait donner mon préavis et je ne savais comment faire. Je répondis à ma sœur que j'étais bien là, tout simplement.

Je reçus aussitôt une lettre d'elle très en colère. Elle pensait que nous irions, le dimanche suivant mon arrivée, à Garches, voir « Gamin ». Puisque c'était ainsi, elle n'irait pas, etc.

Je pleurai à l'idée de mon petit frère privé de visite à cause de moi et pensai qu'en allant là-bas, je le verrais souvent. Alors, je m'exécutai et donnai mon congé à ma patronne. Comme je l'avais prévu, mon employeur m'en fit voir de toutes les couleurs pendant cette dernière semaine !

7

C'ÉTAIT très tôt le matin, par un ciel gris dont Paris a seul le secret, que je débarquai. J'étais contente, ma petite valise me paraissait légère et j'aurais été à mon aise si le beau pantalon noir que m'avait donné ma sœur ne m'avait pas serré autant. Je me rendis compte seulement le soir en le retirant que, dans l'émotion du départ, j'avais inversé le devant et le derrière.

Ma mère et ma sœur m'attendaient à la sortie de la gare Montparnasse. Il y avait beaucoup de monde. Nous étions en octobre et les gens, chaudement couverts, marchaient vite, couraient même.

Emportées par le flot, nous suivons la marée vers le métro. Il se dégage de ces souterrains aménagés et très fréquentés une odeur de sueur et de poussière que quelques balayeurs achèvent de ramasser. Le grondement de rames lointaines précède celle qui arrive rapidement sur notre quai, nous emportant dans les labyrinthes noirs.

Nous nous retrouvâmes bientôt à l'air libre, nous étions au Pont de Neuilly. Le quartier était calme et doux en ce dimanche d'automne. Il devait devenir mon quartier pendant trois ans.

Je fis ensuite connaissance avec ce que l'on appelle les chambres de bonne. C'était un immeuble ancien, et elles étaient toutes situées au sixième étage, sous les toits, éclairées d'un seul vasistas à crémaillère. Par la suite, je devais souvent rêvasser, le soir après mon travail, perchée sur une chaise et la tête passée par le vasistas. J'admirais les lumières de la ville et la Seine scintillante qui coulait tout près.

Je pris mes nouvelles fonctions et tout me parut facile. Rien de plus amusant que de se servir d'un aspirateur, d'un moulin à café électrique ! J'allais de découverte en découverte.

Dès le premier jour, ma patronne m'emmène chez les commerçants chez lesquels elle se sert. Elle me fait passer par une porte, pour sortir de l'appartement et je me retrouve sur le palier, seule, étonnée de l'être, déconcertée ! Ne sachant quel parti prendre, je descends cependant les deux étages sans trop m'en apercevoir, je me demande ce qu'il convient de faire lorsque la tête de ma patronne apparaît par l'entrebaîllement de la porte du rez-de-chaussée. Moi, je descendais toujours... au sous-sol.

Ce n'est qu'au retour que je comprends qu'il y

a deux escaliers différents. Un pour les domestiques et un pour les patrons. J'aurais dû y penser plus tôt ! Moi qui étais si bien placée pour savoir que l'on ne mélangeait pas les pauvres et les riches.

Ma vie s'organise à nouveau. Je m'ennuie un peu, car à part un après-midi de repassage et quelques grands ménages que je m'invente, il me reste de longues heures que je ne sais comment employer. Le besoin d'apprendre commence à se faire sentir. Je m'inscris à un cour par correspondance de français et d'espagnol. Tout mon travail terminé, je m'installe sur un petit coin de la table de cuisine. Naturellement, ma patronne le sait : elle me félicite et m'encourage.

Les week-ends, je sors avec ma sœur et deux de ses amies : Marinette et Thérèse. Toutes trois mes aînées me servent de chaperons.

Lorsque je commence à pouvoir m'acheter des vêtements, je suis contrariée de ne pouvoir m'acheter les petites robes simples et classiques que je porte bien. Ma sœur me fait acheter d'autorité ce qui lui plaît. Elle aime les frous-frous et les dentelles.

Ainsi, je me rappelle encore cette robe de bal qu'elle m'obligea à acheter. En taffetas chatoyant, elle avait un grand décolleté qui laissait voir mes salières. Faite de trois volants, elle noyait ma silhouette de maigrichonne et me donnait l'air encore plus frêle.

Elle avait horreur du bal, mais comme les copines entendaient bien y aller, elle était bien obligée de suivre. Moi, j'adorais la danse et c'est une chose que l'on aime toute sa vie, même si l'on perd l'enthousiasme de la jeunesse.

Lorsque le lundi, je réintégrais ma petite cuisine, vaillante, et la tête pleine de chansons, je chantais, dansais, gesticulais entre les piles d'assiettes sales du dimanche, disposées à terre autour de l'évier.

C'était la belle saison et, par les fenêtres grandes ouvertes, le vieux d'en face, assis tout le jour à sa table, observait cette nature par trop expansive pour bien faire. Il m'arrivait sans doute de repousser la fenêtre, mais, joyeuse, pleine d'appétit de vivre, je continuais le plus souvent sur ma lancée, en lui adressant un coucou moqueur de la main ou plus simplement une grimace. Le vieux, captivé, n'en perdait pas une bouchée !

Les jours, les mois passent, je suis heureuse dans ma nouvelle vie parisienne, jusqu'au jour où ma patronne m'avertit qu'elle ne peut plus me garder. Elle est toujours très contente de moi pour le travail, mais ma mauvaise conduite...

Elle avait rencontré dans le quartier la femme du vieux qui s'était plainte. Ma patronne en avait parlé à ma sœur Raymonde qui avait dit oui. Oui quoi ? Je me demandais de quoi j'étais coupable ? Innocente dans mes pensées et dans mes actes, je ne réalisais pas ce que mes gestes avaient de provocant pour un vieux cochon. Je ne pensais même pas à me défendre, d'ailleurs on ne m'offrait pas cette chance : j'étais condamnée sans que l'on m'entende. Il ne me restait plus qu'à chercher du travail. Ma patronne, tout en me recommandant chaudement, émettait une réserve : elle déconseillait formellement la chambre indépendante. Jusqu'où allèrent les soupçons qui pesèrent sur moi ? Je me le demande encore ! Après la discrimination dont j'avais été victime à l'école, je me sentis victime d'une deuxième injustice.

Quelque temps plus tard, ma sœur étant à la recherche d'un emploi hérita de ma place. Elle ne fut pas perdue pour tout le monde !

8

L'ANNÉE suivante, nous étions en 1956. Je travaillais toujours, dans le même quartier, dans une famille de deux enfants, j'étais bien. Dans ma chambre, au sixième, j'avais cette fois-ci une vraie fenêtre et je voyais toujours la Seine. Je ne la voyais plus de par-dessus les immeubles mais de tout près avec les péniches qui passaient et le pont de Neuilly à ma droite. J'aimais beaucoup Paris, surtout l'automne car le gris était la couleur qui lui convenait. J'aimais sentir les marrons chauds et entendre les airs d'accordéon dans les rues. Il est vrai que je n'avais de contact avec Paris que le dimanche, les autres jours, je les passais, enfermée, à l'appartement.

Cependant, environ toutes les deux semaines, j'allais à Garches voir « Gamin ». Je me donnais beaucoup de mal pour lui faire plaisir. Il était allongé sur un chariot, sur le ventre, comme beaucoup de malades pour éviter la déformation. Il y avait un parc magnifique qui s'étalait sur une grande longueur, mais malheureusement sur toute la largeur d'un talus. Je tirais le chariot plat par les allées qui montaient en se tortillant sous les grands arbres.

A mi-chemin, je repérais une plate-forme assez large, d'où « Gamin » pouvait embrasser du regard tout ce qui se passait au-dessus dans la cour près du pavillon.

J'installais son chariot en attente et repartais chercher un ou deux petits malades. Je les installais autour de moi et leur racontais des histoires à l'ombre du sous-bois. Ils profitaient ainsi de la nature et d'un parc où ils ne pouvaient aller seuls.

Je découvrais que j'aimais m'occuper des autres.

J'aimais l'hôpital, son ambiance faite de joie et de beaucoup de peines, son odeur d'éther et de propreté. L'idée me vint que j'aurais pu y travailler et m'y faire un métier. Je me renseignais auprès d'une employée, puis je rencontrai mon mari qui brouilla les cartes, et ce projet professionnel ne resta plus qu'une idée souvent reprise puis abandonnée.

Un dimanche, je demandai la permission de prendre le chaton chez mes patrons, je l'emmenai par le métro et le train, heureuse d'offrir à mon frère pour quelques heures, le plaisir de caresser cette petite boule chaude et ronronnante.

Un bel après-midi que nous étions tous dehors, malades et visiteurs, deux jeunes garçonnets jouaient en poussant du pied un ballon qu'ils se renvoyaient. Mon frère s'amusait de voir le ballon aller et venir, puis tout à coup, il pencha sa tête de côté et avec un sourire aussi triste que ses yeux, il dit dans son mauvais langage : « Moi, le plais bien ; c'est fini, moi, le peux plus. » Une grosse émotion m'envahit. Ma gorge se noua et des larmes coulèrent sur mes joues. Bravement, je changeai de sujet...

Mes loisirs devenaient rares. Nous allions encore au cinéma, de moins en moins au bal. Notre amie Marinette fréquentait. Thérèse était fâchée avec ma sœur qui m'interdisait de sortir avec elle. Ma sœur qui avait un caractère taciturne n'aimait pas sortir ; alors, le dimanche, nous restions enfermées toutes deux, jouant aux cartes ou parlant chiffons.

En semaine, lorsque nous ne finissions pas trop tard, nous allions à la veillée chez Odile, une nouvelle camarade (maman célibataire d'une gentille fillette de 5 ans). Femme de ménage, elle avait sa chambre en échange de quelques heures de travail. La petite était seule pendant ce temps et traînait souvent dans les couloirs du sixième. Cet étage, occupé par les employées de maison, était tristement désert le jour. Pourtant, proche de celle d'Odile, une chambre était occupée par des travailleurs étrangers. Tous deux étaient là le samedi et rentraient plus tôt qu'elle le soir. Ils voyaient souvent la petite et lui offraient des bonbons. Elle en parla à sa mère qui les invita.

C'est ainsi qu'un soir, à la veillée chez Odile, nous fûmes surprises d'y trouver ces deux Espagnols : Frederico, bon gros, jovial, ne parlant pas le français ; Pedro qui le parlait couramment avec l'accent du Gard. C'etaient deux cousins venus là pour mieux gagner leur vie. Pedro avait 29 ans, moi 17. Il devait devenir mon mari. Grand, cheveux très noirs et ondulés, la taille mince et élancée du gitan. Je le trouvais très beau. Moi la gamine que j'étais, je le parais d'une auréole : celle d'un étranger dont le pays me paraissait si loin. Pedro en parlait beaucoup et racontait des histoires merveilleuses sur ce pays de soleil. J'étais éblouie et tombais sous son emprise.

C'était le prince charmant de « Nous deux », le seigneur et maître de mon cœur, qui commandait à l'humble petite fiancée obéissante. Il commença à faire preuve d'autorité en m'interdisant de partir pour les vacances de Pâques à la campagne avec mes patrons. Je n'avais plus qu'à chercher du travail ailleurs...

Je tombais successivement sur plusieurs « boîtes » : chez un docteur miteux chez qui je devais me contenter des restes aux repas ; ne pas choisir les mêmes robes que Madame qui n'avait pas les moyens de s'habiller ailleurs qu'au Prisunic. Puis dans un « lavomatic » où je n'avais jamais fini. Pedro, las de m'attendre le dimanche, venait sonner et attrapait violemment la patronne, l'accusant de m'exploiter. Celle-ci, étant mariée à un Espagnol et connaissant leur caractère, ne bronchait pas et me libérait aussitôt.

Nous nous disputions souvent. Moi, j'avais toujours les yeux pleins d'étoiles : je ne voyais pas son caractère emporté, violent, jaloux, ni sa paresse.

Lors d'une visite médicale à la médecine du travail, on trouva que Pedro avait un voile à un poumon. Son état était jugé assez sérieux pour qu'il fût envoyé en préventorium à quelques kilomètres de Paris.

C'est à cette période que je me rendis compte que j'étais enceinte. Heureusement j'avais trouvé une place plus stable.

Le dimanche, je prenais le train pour La Ferté-sur-Jouarre. Ce fut l'époque la plus belle de notre amour. Pourtant, Pedro me demandait de l'argent, ainsi qu'à sa sœur aînée à qui il devait déjà l'argent de son voyage en France. Il était très heureux de ma visite. Il bénéficiait d'une grande liberté. A travers les brèches du mur du parc de la maison de repos, les malades sortaient et profitaient de la campagne ou du village.

9

LA campagne éclatait de santé en ce printemps 1957. Une nature que j'avais perdue de vue depuis trois ans et que je retrouvais avec une sensibilité toute particulière.

Vingt ans plus tard, je reste éblouie par le souvenir de ces prés fleuris, de ce ruisseau aux eaux vives qui clapotaient sur les pierres. Cette tranquillité et ce silence troublés uniquement par le bruissement des feuilles sous le vent et le chant des oiseaux.

En tout lieu et à tout moment, je suis l'objet du désir de Pedro. Nous nous aimons à l'ombre d'une haie, au milieu des marguerites ou à l'abri d'un sous-bois.

Nous parcourons, tout le jour, la campagne magnifique. C'est avec mille précautions qu'il m'aide à franchir un fossé ou un arbre couché par la tempête, par égard au petit « bambino » que je porte... Le soir, je rentre heureuse et fatiguée, les bras chargés de fleurs qui chatouillent le nez des voyageurs qui se pressent dans le métro.

La semaine, je retrouve le souci que me donne ma situation. Jusqu'ici, j'ai réussi à cacher mon état à tous. Ma patronne ne me mettra-t-elle pas à la porte lorsqu'elle l'apprendra ?

J'étais jeune et je craignais que l'on ne puisse se marier, vu l'état de santé de Pedro. Personne n'était plus embarrassé que nous, ne sachant quelles démarches effectuer. Pedro m'avait donné tous les papiers en sa possession. J'allai donc me renseigner à la mairie. Tous ces papiers étaient inutiles, il fallait écrire à nos mairies de naissance et réclamer un « extrait de naissance » en vue du mariage. Il fallait aussi une visite prénuptiale. Ma visite de grossesse pouvait servir et Pedro était bien placé pour en passer une.

Lorsque j'eus en main tous ces papiers, heureuse, je les portais. Là, on s'aperçut que mon fiancé était de nationalité espagnole : il fallait une autorisation de la Préfecture délivrée après enquête dans son pays. Cette autorisation, nous mîmes très longtemps à l'obtenir. Pendant ce temps, ma patronne s'aperçut de mon état et contre mauvaise fortune fit bon cœur. Elle me garda et continua à me faire nettoyer les carreaux au troisième ainsi que les parquets.

Ma mère, elle aussi, apprit la nouvelle et sans s'inquiéter de notre bonheur futur, n'eut plus qu'une idée : nous marier, vite nous marier... Elle ne comprenait pas pourquoi les choses traînaient tant.

Quand, enfin, l'autorisation me parvint, tous les autres papiers étaient périmés, tout était à recommencer !

Un soir, en grimpant lourdement les étages qui menaient à ma chambre, j'eus la surprise de trouver Pedro qui m'attendait. Profitant des brèches dans le mur de l'hôpital, il avait tout planté là-bas et pris le train pour Paris.

Je devais l'avoir à ma charge pendant six mois, lui donnant mon salaire et prélevant sur ma nourriture ; je lui montais en cachette quelques œufs, ma part de fromage et de fruits, enfin tout ce que je pouvais.

Le soir, mon travail terminé, il m'arrivait de m'asseoir sur la première marche de l'escalier et je pleurais ivre de fatigue et de malaise, je n'avais plus la force ni le courage de monter ces escaliers qui me séparaient de ma chambre.

Quand, péniblement, je me traînais jusqu'en haut, Pedro me consolait, mais il arrivait tout aussi souvent qu'il tempêtât parce que le pantalon qu'il voulait mettre n'était pas prêt. La journée n'était pas assez longue pour moi qui faisait quatorze heures de travail tout en portant son bébé, ni pour lui qui n'avait rien d'autre à faire que d'essayer seul de repasser son pantalon !

Le jour vint où, tous nos papiers réunis, nous pûmes nous marier, entre deux témoins : son cousin pour Pedro, ma patronne pour moi. J'étais enceinte de sept mois et ce n'était plus la peine de faire des frais d'élégance, et vu nos moyens !

Drôle de cérémonie ! Il ne doit y avoir que moi d'émue ! Ce n'est pas la patronne qui éprouve un sentiment quelconque, sinon, peut-être, un peu de curiosité. Pedro et Frederico, habitués aux grandes fêtes espagnoles, cachent mal leur déception.

Pendant que moi, chancelante d'émotion, lorsqu'on nous déclare « unis par les liens du mariage », je me dis : me voilà Madame B... avec un grand B. Persuadée sans doute que je viens d'acquérir une valeur supplémentaire.

Cette mentalité existe, nous la retrouvons un peu partout dans notre société. Enfin, s'il n'y avait pas de cloche pour annoncer nos épousailles, ce jour-là, il y en avait une et sans doute la meilleure ! C'était moi !

La formalité terminée, Pedro alla fêter cela avec Frederico, à mes frais... Pendant ce temps, je retournai sagement au travail.

Dans les semaines qui suivirent, Pedro fut occupé à quelques petits travaux par mon employeur. C'est ainsi que la mère de ma patronne me fit comprendre plusieurs fois, avec force « ma pauvre petite », que je ne faisais pas une bonne affaire avec ce garçon qui aurait pu trouver du travail un peu plus rapidement.

Il en trouva enfin, début décembre, alors que j'approchais de mon terme. Il était temps ! J'étais très fatiguée et ne pouvais jamais me reposer. Je ne pouvais prendre le repos légal auquel j'avais droit : nous n'avions pas de « chez-nous ». J'habitais chez mon employeur et j'étais de ce fait à sa merci.

10

UN bel après-midi de décembre ensoleillé et doux, Pedro avait invité tout un groupe d'amis, dont je n'en connaissais pas la moitié, à venir passer ce dimanche à la campagne.

Nous étions donc tous partis par le train jusqu'à une petite gare de banlieue où, déjà, la campagne nous attendait, livrant pour nous, malgré l'hiver, mille petits coins discrets et charmants.

Nous déambulions par petits groupes à travers les rues de cette petite ville, passant devant les cafés et les boutiques, allant à la recherche de petites routes et chemins plus tranquilles. Je ne sais si Pedro s'arrêtait souvent au café, il ne s'occupait guère de moi et souvent je le perdais de vue.

Nous allions tranquillement, discutant par deux, par trois, ou en file indienne. Des rires et des plaisanteries fusaient.

J'allais doucement, fermant la marche en dodelinant de mon gros ventre.

Au fur et à mesure que s'avançait l'après-midi, je sentais croître en moi l'anxiété devant le comportement et la nervosité de Pedro. Les heures qui suivirent confirmèrent mes craintes.

Nous allions reprendre le chemin du retour, lorsque Pedro, sans doute vexé par quelque plaisanterie, planta là tout le monde, détalant comme un lapin. Cela se passa si vite que je ne m'aperçus de rien jusqu'au moment où les amis se rappelèrent que c'était à lui que l'on avait confié tous les tickets de chemin de fer.

Des exclamations indignées me mirent aussitôt au courant. J'avais honte et j'étais bien embêtée : je n'avais pas d'argent sur moi et j'allais être obligée d'emprunter à un ami, cétait le comble. La fête était finie. Les rires avaient fait place à la grogne, tout le monde était mécontent.

Lorsque nous arrivâmes à la gare, là, ô surprise ! Nous retrouvâmes un Pedro débordant d'une fausse gaieté comme si rien ne s'était passé. Nous rentrâmes chez nous sans histoire, mais ceci avait jeté un froid parmi nous.

Dès que la porte de notre chez-nous fut refermée, mes nerfs, mis à rude épreuve au cours de cette journée, lâchèrent. Ivre de fatigue, de honte et de rancune, j'attrapais tout ce qui se trouvait là, tout ce qui me tombait sous la main, le jetant à travers la chambre ; j'éclatai dans la plus belle crise de nerfs que je n'aie jamais faite.

Pedro, d'abord stupéfait, s'affola vite. Il courut chercher une ambulance et me fit conduire à l'hôpital de Neuilly, pensant l'accouchement proche. Cependant, le lendemain, aucune douleur. Les docteurs parlèrent de me renvoyer chez moi ou en maison de repos. J'en avais marre de cette vie qu'ils me faisaient mener, tous, marre ! J'étais fatiguée et je choisis cette maison de repos comme planche de salut.

C'est ainsi que j'arrivai dans cet affreux abri maternel où l'on recevait toutes les futures mamans qui ne savaient où aller, célibataires pour la plupart. Je n'y restai qu'une semaine fort heureusement. C'était le régime archaïque, ressemblant plus à une prison qu'à une maison de repos.

Les tâches se répartissaient entre nous et l'après-midi se passait aux travaux d'aiguille. La maison était triste, entourée de hauts murs gris. Nous étions toutes affublées d'une blouse bleue affreuse dont le port de la ceinture était obligatoire. On aurait dit que tout était fait pour punir ces femmes qui avaient « fauté ».

Quant à Pedro, il ne vint me voir qu'une seule fois. Il venait enfin de trouver du travail ! Peut-être mon départ lui avait-il fait réaliser les faits !

Pour moi, jamais semaine ne fut aussi longue ! Tous les jours étaient les mêmes dans la grisaille d'hiver et l'incertitude du lendemain. Le cafard me tenait compagnie, ce n'était même plus de la tristesse, je frisais le désespoir? J'avais un mari, certes, et toutes les autres filles qui étaient là ne pouvaient pas en dire autant, mais je sentais bien que j'étais seule dans les difficultés.

Le jeudi matin, je m'éveillai au petit jour, en sueur, oppressée. Je venais de faire un cauchemar : Pedro m'était apparu grand, fort, tout hirsute, grimaçant et me menaçant, moi et mon enfant, comme une bête toute velue. Horrible ! J'avais beau être réveillée, mais ce rêve me laissait toujours une impression indéfinissable.

Le soir du même jour, je restais éveillée longtemps, guettant ces petits pincements de mon ventre qui revenaient à intervalles réguliers. Enfin, je me décidai à avertir la surveillante. C'est ainsi que je quittai cette affreuse maison pour me retrouver à la maternité de l'hôpital de Neuilly-sur-Seine, en pleine nuit et en pleine effervescence.

Dans la grande salle d'accouchement, trois ou quatre femmes sont en cours de travail. De tous les coins, me parviennent des cris et des larmes. Cela n'a rien de rassurant pour ma première expérience et une vague crainte m'envahit peu à peu.

Je reste là assez longtemps, il y a plus urgent à s'occuper. Enfin, on prend le temps de m'ausculter, et pressentant que ce serait long, on me fait une piqûre qui m'endort jusqu'au lendemain midi. En effet, c'est à midi que je me réveille en salle où je reste seule tout l'après-midi. C'est atroce d'être seule à ce moment-là ! Plus le temps passe, plus les douleurs augmentent. Une véritable panique s'empare de moi. Je pense que je peux mourir, que mon bébé va naître et que je ne sais que faire.

J'ai beau sonner, on passe furtivement et, déjà, je suis seule pendant que les douleurs de plus en plus violentes m'écartèlent et que je me vide malgré moi.

C'est ainsi, mon fils Patrick que tu naquis à 20 heures le vendredi soir du 13 décembre 1957 en cet hôpital de Neuilly. Je devenais mère pour la première fois et j'avais 17 ans. Une naissance entre nous deux, mon fils !

Heureuse et débarrassée, il me vint pourtant à l'idée que ton père serait fier de toi. Mais où était-il celui-là ? Comment le joindre, j'avais l'air malin, je ne savais même pas son adresse qu'il n'avait pas pensé à me laisser. Il fallait que j'attende qu'il vienne me rendre visite à cette maison de repos. On l'enverrait bien ici après.

J'attendis jusqu'au dimanche soir. Il vint m'embrasser, alla voir son fils, puis dit à son cousin Frederico : « Il est beau, hein ! » Allez, viens, allons arroser cela. Et ils partirent bien vite, me laissant seule avec mon fils.

Dans la chambre, un mari vient d'entrer, un magnifique bouquet à la main, cherchant des yeux son épouse. Près de moi, de l'autre côté de mon lit, une famille sable le champagne faisant sucer consciencieusement le bouchon, signe de bonheur pour le poupon.

Isolée dans la fête générale, je me tourne vers la fenêtre. Je feins de dormir afin de cacher mon cœur trop gros.

11

SI je fus heureuse, ce fut incontestablement pendant le mois qui suivit la naissance de Patrick. Nous menions, enfin, une vie normale. Son père travaillait et je veillais, lui complétant la layette dont j'avais si peu eu le temps de m'occuper. Un peu de repos, de ménage, quelques courses hâtivement faites pour ne pas laisser le bébé seul trop longtemps. Le soir, j'entendais son père grimper quatre à quatre les sept étages, heureux de retrouver un foyer. Une ombre à ce tableau : je savais que je devais bientôt reprendre le travail.

Il fallait que je trouve une nourrice. J'aurais pu trouver tout près dans le quartier. Lorsque j'en parlais à Pedro, il entra dans une violente colère et je n'osais plus évoquer cela. Mais il oubliait que je devais retravailler, et lorsque le jour de ma reprise vint, je descendis à la cuisine, le berceau avec moi. La patronne pense que ce ne sera que pour un temps. Celui de trouver la nourrice idéale.

En attendant, elle me faisait placer bébé dans une chambre, puis dans une autre au fur et à mesure que le ménage avançait. Si bien que, quelquefois, j'étais obligée de le remettre dans une pièce qui venait d'être aérée et qui se trouvait très froide. Quelquefois, aussi, je l'entendais pleurer et je n'osais trop aller le voir. Entre le change et le biberon plusieurs fois par jour, cela faisait beaucoup de temps à déduire de mon temps de travail et je craignais les réflexions.

Un calvaire pour une mère que ces conditions de vie ! Son père passait vers 19 heures et prenait le berceau, car ma journée finissait souvent au-delà de 21 heures. Quand ma patronne fit venir une assistante sociale, elles arrangèrent la situation en moins de deux. Il ne me restait plus rien à dire. D'abord, la crèche qui ouvrait trop tard et fermait trop tôt pour moi et il n'y en avait pas le samedi. Je continuais à garder Patrick une heure le matin et une heure le soir. La crèche était loin et je me rappelle du froid et des difficultés que j'avais à pousser le landau dans la neige fraîche du matin : nous étions en février.

Pedro reprenait toujours le bébé, en passant devant la cuisine, le soir en rentrant. Il se débrouillait très bien pour le change et pour le biberon.

Quelque temps plus tard, je reçus « l'ordre d'admission » de Patrick en pouponnière B.C.G. pour une période de six mois. L'assistante sociale avait bien épluché la situation. Elle avait noté le voile au poumon de Pedro, et tiré les conclusions nécessaires au placement du bébé.

Le père avait été en préventorium. Il fallait éviter le contact avec l'enfant pendant sa période de vaccination.

Le jour où il fallut l'emmener, ce fut vite fait : ce fut ma patronne qui m'emmena à la pouponnière de Suresnes et j'eus l'impression d'abandonner une partie de moi-même. Un grand vide, un découragement s'empara de moi et je ne pouvais, je ne voulais pas pleurer devant ma patronne qui me reconduisait vite au travail.

Le soir, j'essuyai une violente colère de Pedro. Quoi ! On avait osé, j'avais osé emmener son fils loin de lui.

D'ailleurs, des colères, il en faisait souvent à propos de tout et de rien, orgueilleux et soupe au lait qu'il était. Moi, je prenais toujours cela au tragique.

Cependant, ces six mois passèrent vite. Le dimanche, nous battions la semelle en faisant de grandes promenades à travers Paris. Nous rendions visite à Patrick à Suresnes. Nous le regardions à travers les vitres, apprendre à se servir de ses petites menottes. Nous ne pouvions le prendre dans nos bras et la visite passait vite. Ne sachant que faire, Pedro avait hâte de repartir, insouciant et heureux de savoir qu'il avait, là, un beau rejeton.

Moi, je devenais de plus en plus soucieuse, au fur et à mesure que les mois passaient. J'aurais pu me réjouir à la pensée de retrouver bientôt mon bébé, mais je savais que la situation n'évoluerait pas. Nous n'avions pas de logement et ce n'était pas Pedro qui en chercherait un. J'étais à la merci d'un mari autoritaire et d'une patronne exigeante.

Le cousin Frederico avait rencontré une jeune Française et était entré chez le même employeur que mon mari. Ils avaient même réussi à trouver un logement dans les anciens locaux de l'entreprise.

Parfois, nous allions les voir, le dimanche, eux ou d'autres amis pas trop recommandables que Pedro avait connus je ne sais trop comment.

Ils habitaient le quartier des Halles, quartier très populaire à cette époque. Cela finissait toujours mal : Pedro s'enivrait et devenait méchant. Un de ces fameux soirs, dès notre retour, je ne sais ce qui lui prit : il entra en transes, transpirant et délirant, il errait nu dans la chambre, finit par se rouler par terre en parlant espagnol. Il semblait ne plus me reconnaître. Cette nuit-là, folle d'inquiétude, je courus partout à la recherche d'un docteur. Je craignais que, pendant ce temps, il ne se jetât par la fenêtre. Cependant, lorsque je revins à mon domicile, avec la certitude qu'un médecin ne tarderait pas à arriver, je fus rassurée et encore plus ennuyée : il dormait profondément comme si rien ne s'était passé ! J'avais dérangé le toubib en pleine nuit pendant le week-end et je n'avais pas d'argent pour le régler !

Quelques mois plus tard, Patrick était revenu avec nous. Pour moi, « le cirque » recommençait. Un logement, un logement, cela devenait une obsession, je ne pouvais plus vivre comme cela.

C'est en allant voir le cousin que l'idée me vint. Tous ces locaux vides... Il n'y aurait pas moyen de... en arrangeant ceci, en faisant une cloison là. J'en parlais à Pedro, pourrait-il demander à sa patronne, « La Tata » comme on l'appelait. Il ne dit pas non, mais je vis à sa tête qu'il n'en parlerait pas. Il était trop orgueilleux pour demander quelque chose et l'idée d'aller habiter dans ces locaux abandonnés ne le flattait guère. Souffrait-il de la situation comme moi ? Je ne sais pas. Il se conduisait toujours comme un grand enfant inconscient et joyeux, mises à part ses sautes d'humeur. Je me renseignais sur l'adresse de cette Tata et j'allais la voir avec mon petit dans les bras. Je me présentai et lui expliquai notre situation et ma requête. C'est ainsi que je pus m'installer un vrai foyer.

Pedro, assez bricoleur, finit par en faire un logement acceptable. Il monta une cloison pour séparer la pièce en deux, condamna, en ne laissant qu'une fenêtre, les parties vitrées, m'installa un meuble évier avec un gros établi trop lourd pour être sorti et fixa une hotte au-dessus, juste où se trouvait le réchaud à gaz. Que d'orages j'ai dû essuyer avant de voir ces réalisations terminées ! Certains jours, le marteau volait et il ne faisait pas bon rester dans le coin.

« La Tata » nous fit installer l'eau à la cuisine car il me fallait descendre au rez-de-chaussée et avec un bébé, ce n'était pas trop pratique.

J'appréciai sa gentillesse alors que nous n'avions pas de loyer à payer. Nous nous achetâmes une chambre à coucher et nous avions quelques meubles qui me permirent de faire un coin salon.

12

CE mois d'août-là, nous partîmes en Espagne, pas trop riches, Pedro me parlait souvent de sa maison qui était si belle ! Je constatais que cette maison était une maison de campagne sans confort comme toutes les autres et si elle était belle, c'était par la situation qu'elle occupait. Pedro aimait se vanter, mais peut-être qu'il l'embellissait dans son souvenir. Blottie au pied d'une montagne, elle faisait face à une immense « huerta », verger où se dressaient un peu comme nos pommiers, mais plus serrés, les orangers.

Trois ou quatre mètres plus bas, l'allée se terminait sur la route qui venait de Valencia et menait à Alicante en longeant le golfe de Valencia.

Nous avions appris quelques mois plus tôt la

maladie de ma belle-mère atteinte du cancer. A notre arrivée, elle avait dû faire un gros effort en venant nous attendre à la barrière car, quelques jours plus tard, elle s'alita complètement. Petite femme aux traits doux et ronds, encore jeune, je garde un souvenir plein de tendresse pour elle. Elle me prit en affection tout de suite et était très heureuse de connaître son petit-fils. Elle parlait très bien français et lorsqu'elle allait mieux, « Mamou » faisait de beaux projets avec lui et cela me serrait le cœur.

Je vécus là un mois à la mode espagnole, vivant dehors la plupart du temps, nous faisions la cuisine sur un feu de bois et je descendais dans un seau la vaisselle que j'allais laver au ruisseau de l'autre côté de la route.

Au village, j'étais traitée comme une reine. A l'époque, les touristes envahissaient moins l'Espagne qu'aujourd'hui. De plus, tout le monde était curieux de voir la femme de Pedro. Il y avait une véritable cour qui nous suivait et nous faisait fête. Les femmes m'entouraient et s'exclamaient sur ma peau blanche et mon air sympathique. J'adorais le soleil et tous ces gens gentils, je m'intéressais à eux.

Chaque soir, il y avait la promenade et le cinéma suivis d'un bal, le tout gratuit. C'était merveilleux de danser sous les étoiles dans l'air tiède. Tout le monde était là : le curé, la mère de famille qui allaitait son petit. Je trouvais bizarre ces idées de venir au bal pour y déballer sa poitrine alors que le port du short et du maillot deux-pièces était prohibé.

Pedro et moi étions des fervents du rock, tous

s'arrêtaient pour nous regarder : j'étais la « Parisienne » et c'est comme cela qu'on devait le danser là-bas à Paris.

Au fur et à mesure que les jours passaient, Pedro se dissipait de plus en plus. Il aimait se vanter que nous gagnions beaucoup d'argent et que nous avions de beaux meubles. Il dépensait sans compter et je fus obligée de cacher un peu d'argent en prévision du retour.

Mamou se plaignait de plus en plus et c'était ma belle-sœur, cette pauvre Henriette qui vivait là, avec son mari, sa lune de miel, qui passait les nuits à essayer de la soulager.

Un après-midi, Pedro voulut partir aux noces d'un copain, je m'y opposai : il nous restait trop peu d'argent et Mamou était vraiment trop malade. Je m'aperçus que l'argent caché avait disparu. Henriette et moi, nous nous fachâmes très fort et Pedro finit par rendre l'argent, mais un peu plus tard, il sauta sur le porte-bagages du « Solex » de l'ami venu le chercher. Nous restâmes seules avec Mamou qui passa la nuit à geindre.

Patrick pleura aussi beaucoup cette nuit-là, tracassé par ses dents.

Cela avait quelque chose de sinistre, cette plainte lancinante dans cette maison, loin de tout. Heureusement que mon beau-frère était là pour aller chercher le docteur. C'était dur pour lui qui travaillait tout le jour comme maçon et ne dormait guère la nuit.

Pedro ne revint que le lendemain dans l'après-midi, soutenu par deux amis qui disaient l'avoir trouvé cuvant son vin dans les rizières. Il fut malade comme un chien, je ne le plaignis guère.

Pour faire la foire, il avait fait des dettes et je fus obligée de rembourser à son ami prêteur.

Nous revînmes complètement fauchés et ce fut dur avec un bébé à nourrir. Pedro ne me ramenait que des acomptes et le salaire était si petit. Je me remis à faire des ménages. Patrick dormait tard le matin, j'allais travailler toute la matinée après avoir garni le pied de son lit de jouets au cas où il se réveillerait. Son lit était profond, dépourvu de barreaux, ce qui écartait tout danger ; mais je n'étais qu'à moitié tranquille et lorsqu'une sirène retentissait, j'étais pleine d'anxiété.

Mamou mourut quelques mois plus tard. Nous apprîmes son décès bien après son enterrement. A la réception de la nouvelle, Pedro garda le lit, refusant d'aller au travail.

Le jeune frère de mon mari ayant mis sa fiancée enceinte, faute impardonnable là-bas, se maria et vint avec sa femme chez nous cacher leur « péché ».

Pedro ayant décrit une vie si brillante en France, leur avait promis monts et merveilles et du travail. Aucun ne parlait français et Pedro, travaillant, ne pouvait accompagner Ramon dans la course au travail. Nous les eûmes tout l'hiver ne faisant rien de la journée. Isabelle poussait du ventre et, malheureusement, j'en faisais autant.

La gêne s'installa de plus en plus à la maison, nous ne mangions pas toujours à notre faim.

J'avais suivi des cours d'espagnol chez mon premier employeur parisien, ce qui me servit pendant mon premier séjour. Si je savais à priori mieux l'écrire que le parler, j'appris très vite à le comprendre et je surpris Pedro par mes connaissances. Bien souvent, je le prenais en flagrant délit de médisances sur mon compte, alors qu'il croyait pouvoir profiter de mon ignorance. Un jour, il était en train de dire que s'il n'y avait pas d'argent à la maison, c'était de ma faute, que tout ce que je gagnais, je me le mettais dans la poche. Je me demande ce que ma belle-famile aurait pensé si je n'étais rentrée à temps pour le remettre en place.

Nous avions un couple ami, des Italiens, habitant l'immeuble où je travaillais, proche de chez nous. Lui, Albino, buvait beaucoup et le supportait bien ; elle, Estrella, belle brune, forte et sympathique, s'entendit tout de suite très bien avec Isabelle et c'était amusant de voir comment elles se comprenaient tout en parlant leur langue respective. Albino et Estrella sont les parrain et marraine de Patrick.

Les privations, la grossesse trop rapprochée, les travaux pénibles firent que ma santé en prit un coup. J'avais des hémorragies et j'aurais dû rester allongée. Nous ne pouvions nous priver de mes maigres ressources. Cependant, lorsqu'on plaignait quelqu'un à la maison, c'était cette pauvre Isabelle qui ne voyait pas de docteur. Son terme approchait, la situation n'évoluait pas pour eux. Ils repartirent en Espagne où il était toujours possible de faire croire à un accouchement prématuré.

13

MON état de santé empira, j'allais souvent à l'hôpital en urgence. Là, on me faisait des piqûres toutes les quatre heures ; de progestérone, je crois. Ce liquide, assez épais, s'écoulait mal et c'était douloureux. Les hémorragies cessaient après quelques jours de ce traitement et l'on me renvoyait chez moi où elles ne tardaient pas à reprendre de plus belle. Je traînai ainsi cinq mois, pâle et amaigrie.

Nous décidâmes alors que j'irais me reposer chez ma mère. Pedro m'accompagna un dimanche et remonta le soir à Paris. Ayant décidé qu'il était fatigué lui aussi et qu'il demanderait un arrêt de travail pour venir me rejoindre ensuite. Ma foi, sa belle-mère avait bien les moyens de m'entretenir, pourquoi pas lui !

Ce soir-là, je tins à l'accompagner un bout de chemin en direction de la gare qui était à deux kilomètres, je n'allai pas trop loin ! Pourtant, ce fut de trop. Dans la nuit, une importante hémorragie se déclencha, pour ne plus s'arrêter. C'était presque dramatique, dans la vieille maison sans confort, à la lueur d'une lampe à pétrole, j'accouchai d'un minuscule petit garçon mort-né.

J'étais dans un tel état de délabrement moral et physique que je refusai de le voir de crainte d'en rester choquée.

Pedro, de retour dès le lendemain, eut la triste mission de lui préparer une sorte de petit cercueil et de l'enterrer dans le jardin de notre maison.

Quelques jours plus tard, une femme du pays vint nous voir. J'étais couchée sur mon lit. Patrick dormait près de moi. Après avoir joué et remué beaucoup, il avait laissé tombé sa poupée sous le lit. Entrant à la maison, elle aperçut le baigneur et eut une plaisanterie de mauvais goût :

— Tiens ! dit-elle, un avorton !

Maman, en colère, lui demanda aussitôt ce qu'elle voulait dire et la voisine s'excusa, affirmant qu'elle avait dit cela sans intention malveillante. Mais elle avait trop bien compris pour ne pas en avoir. Dieu que les gens sont méchants parfois ! Et les vieilles histoires dures à enterrer.

C'est Maman qui allait chercher mes médicaments et qui les payait pendant ma maladie. Pendant ce temps, Pedro se chauffait, les pieds près du four, prenant la place de l'infirme. C'était le moment du jardinage, il aurait pu s'occuper à bêcher, mais cela ne lui venait pas à l'idée.

Maman, à cet âge-là, faisait encore du travail d'homme, elle retournait la terre, construisait un poulailler, déménageait un meuble facilement.

Au bout de quelques semaines, Pedro et moi rentrâmes à Paris. Je n'avais pas tellement envie de le suivre. Maman ne se gênait pas de me le critiquer et cela contribuait à m'« ouvrir » les yeux.

Bien des choses avaient changé depuis mon départ à Paris. Mon père avait été mis dans l'obligation de racheter la part de Maman sur la maison, par la Justice qui s'était enfin aperçue qu'elle avait commis une erreur en laissant deux personnes divorcées sous le même toit. Mon père continuait en effet à battre ma mère, les soirs d'ivresse, mais lorsqu'il était lucide, elle poussait la bienveillance à lui offrir un bol de soupe.

Je crois que, même divorcée, elle avait du mal à le considérer autrement que comme un compagnon de misère. Cependant, un soir qu'il était de méchante humeur, il attaqua si violemment ma mère, déjà submergée de soucis, qu'elle s'énerva et se déchaîna. Ce jour-là, ce fut elle qui frappa, prenant son balai, elle lui rendit sans doute les coups qu'elle avait reçus dans sa vie. Une voisine, à l'écoute derrière nos remises, porta plainte et l'affaire fut portée devant le tribunal qui condamna Maman à de la prison avec sursis.

Dans le pays, elle passa une fois de plus pour une « sale bonne femme » et l'on plaignit mon père. Mais, de cette affaire malheureuse, il sortit du bon. Nous allions désormais pouvoir venir à la maison maternelle sans risquer de dormir dans les prés, après avoir essuyé des scènes terribles. Maman avait acheté cette vieille maison plusieurs fois centenaire, composée de trois grandes pièces indépendantes les unes des autres. L'eau était au dehors, il n'y avait pas encore l'électricité. Elle se trouvait à un kilomètre à peine de celle du père. Quelquefois, Maman et lui se croisaient dans la rue en faisant leurs courses.

Ils changeaient de trottoir et les choses se passaient désormais le mieux du monde.

Mon frère, « le Gamin », resta quatre années à Garches, au terme desquelles il fut renvoyé à la maison et Maman passa une année avant de percevoir ce à quoi elle avait droit. Pendant cette année, ils durent vivre, elle et lui, avec les trois mille anciens francs de pension alimentaire que mon père lui versait, soit à peine le prix d'un paquet de cigarettes par jour !

Pendant tout ce temps, elle dut se débrouiller. Elle fréquentait un homme de la campagne. Elle s'en allait à quelques kilomètres de là, poussant mon frère dans un vieux landau sans capote. Il avait 13 ans. Elle trouvait ainsi de quoi manger et payer sa maison. Le vieil avare n'en donnait pas plus qu'il fallait ! Certains jours, appréciant la compagnie de ma mère et se sentant mal, il l'emmenait à la cave et lui faisait contempler son trésor, lui promettant que tout serait pour elle. Maman savait bien que s'il lui arrivait quelque chose, ses enfants arriveraient vite pour la flanquer à la porte et se servir, car dès qu'il était vraiment trop mal, il réclamait qu'on aille les chercher. Aussi, Maman revenait toujours chez elle, poussant son landau. Ceci dura un an, puis son sort s'améliora et, quelques années plus tard, les lois sociales ayant évolué et les pensions révisées, la misère fit place à une relative prospérité. Personne ne le pardonna à ma mère. Après l'avoir moquée, piétinée, enfoncée davantage dans les difficultés, on la jalousa et continua de la mépriser.

Mon frère revenu après quelques années d'absence fut le centre d'intérêt des gosses de son âge et l'on sait que lorsqu'on est jeune, on est méchant sans le savoir. Il devint l'idiot du village. On grimpait sur sa petite voiture d'infirme car, dès que Maman le put, elle lui acheta une voiturette et il devint plus autonome. Mais le matériel en voyait de dures. Perchés à deux ou trois dessus, ils lui tiraient les cheveux ou les oreilles et lui crachaient dessus, riant et se sauvant ensuite, l'abandonnant à sa colère. Ils lui volaient ses petites affaires qu'il emmenait dans sa musette ou lui jetaient son matériel de pêche dans la rivière.

Avec la maladie, les tracasseries, il ne faut pas s'étonner que son caractère se soit aigri.

14

JE retrouvais Paris et son ciel triste, mon travail pénible et les mille et uns caprices de Pedro.

Mon amie Thérèse s'était mariée avec un cousin éloigné, elle était maman célibataire et tellement privée de sa petite fille que ce mariage lui permettait de vivre enfin auprès de son enfant.

Nous avions décidé de faire une cérémonie religieuse le même jour qu'elle. Nous étions invités à son repas et cela nous permit de fêter l'événement tous en chœur aux moindres frais.

Malheureusement, comme à son habitude, Pedro ne peut se conduire sérieusement. M'ayant traînée dans un café où il finit de s'enivrer, il me traite de tous les noms que l'on peut imaginer.

Il y a beaucoup de monde dans ce café et j'ai honte d'entendre ce qu'il dit, honte de ma petite robe blanche pourtant toute simple, mais qui dit trop bien la triste mariée que je suis. Le laissant là, je m'enfuis cacher mes larmes et ma honte chez nous.

Thérèse et son mari avaient loué un pavillon en banlieue. Un dimanche, nous déjeunâmes ensemble et nous partîmes faire une promenade dans Paris. Les deux hommes, déjà bien excités, nous semèrent. Je ne revis Pedro que le lendemain en fin de matinée. Mais dans quel état ! J'ai toujours pensé qu'il avait passé la nuit au poste de police après avoir été ramassé dans quelque ruisseau.

Sur sa chemise blanche déchirée, on aurait dit des traces de pneus de voiture, elle était bonne pour la poubelle. Pour le costume, que faire ? Il avait refusé le costume confection pour un sur-mesure beaucoup plus cher. Si je le jetais, il ne s'occuperait pas plus des finances et irait en acheter un autre. Le porter chez le teinturier ? Sûrement pas, j'aurais eu trop honte ! La veste portait des vomissures nauséabondes ; quant au pantalon, il était couvert d'excréments, dessus, partout, et cela formait des croûtes séchées et puantes. Je lui ai demandé comment lui, si orgueilleux, avait pu se promener comme cela dans le métro. Quelle honte !

Je m'armai de courage, après avoir fait tremper le tout dans un baquet. Je brossai énergiquement malgré les hauts-le-cœur qui me soulevaient.

Les jours passèrent ainsi avec leur cortège de peines et de soucis et l'été arriva.

Je trouvais une place plus intéressante comme employée aux écritures dans un bureau. Ce n'était pas que le travail était tellement passionnant, au contraire, je trouvais les heures longues, mais j'étais payée au mois. Je n'avais plus de corvée de charbon, de parquets à gratter, ni de montagnes de vaisselle à laver et pour honorer mon nouveau milieu de travail, je faisais quelques frais de toilette. Ma concierge gardait Patrick tout le jour et je le reprenais chaque soir.

Un mois plus tard, ce furent les vacances de Pedro et il fut entendu entre nous, car nous n'étions pas très riches, que nous irions à tour de rôle en Espagne puisque son ami des Halles y descendait tous les six mois en compagnie de son père. Pedro irait donc ce mois d'août et pourrait se recueillir sur la tombe de sa mère. Quant à moi, je m'y rendrais en décembre. Pedro avait deux nouveaux amis espagnols célibataires qu'il fréquentait beaucoup. Il leur recommanda de me venir me voir pendant son absence, s'enquérir si je n'avais besoin de rien avec le petit. Ce mois d'été fut magnifique, je retrouvais la paix, l'indépendance et par les fenêtres largement ouvertes, le soleil inondait mon petit logement.

Je n'eus pas de problème d'argent pendant ce temps malgré les frais de garde de Patrick qu'il me fallait déduire sur mon salaire. Je commençai à entrevoir que j'aurais pu vivre sans Pedro avec moins de soucis.

Il m'écrivit une seule carte, brève et sans chaleur, qui arriva presque en même temps que lui. Cela ne faisait rien, le soleil brillait et avec la musique, la maison avait un air de fête.

L'insouciance de la jeunesse reprenait le dessus. J'avais des airs de chansons plein la tête.

Quand Pedro fut de retour, tout devint différent. Avait-il perçu le changement qui s'opérait en moi ? Ou son séjour lui ayant donné mauvaise conscience, s'acharnait-il à me trouver des fautes ? Il devint d'une jalousie terrible. Il ne comprenait pas que je sois mieux habillée, se méfiait et venait me chercher à la sortie de mon travail, me faisait des scènes à propos de tout et de rien, me reprochait la visite de ses amis alors que c'était lui qui leur avait demandé de venir.

Un jour, il en vint aux coups. Patrick criait et, dans un éclair, je me revis, âgée de 6 ou 7 ans, armée du crochet de la cuisinière, voulant mais n'osant pas frapper mon père pour défendre ma mère. J'assistais terrorisée à toutes les brutalités qu'elle recevait et je restais paralysée de peur.

Ah non ! Ce n'était pas possible, me suis-je dit alors. Mes enfants ne verront pas ce que j'ai vu !

15

QUAND décembre arriva, Pedro n'était plus du tout décidé à me laisser partir en Espagne, il avait ses raisons. Je tins bon. C'était entendu comme cela, n'est-ce pas ? Alors, c'était mon tour.

J'avais décidé de le quitter un jour et je savais que ma belle-famille me jetterait la pierre ; elle saurait avant ce que je pensais de leur frère qui pourrait ensuite me salir à sa guise.

Je partis donc avec Henrico, l'ami de Pedro, son père et un Espagnol au chômage qui rentrait définitivement au pays, Patrick et moi avec tout un chargement hétéroclite : Henrico était ainsi, il faisait feu de tout bois. Au retour, même chose, la voiture était chargée de branches d'eucalyptus qu'il revendait chez les pharmaciens ; de safran, de bagages que lui avaient remis les amis ayant de la famille en France.

A Paris, il travaillait le jour comme maçon comme son père ; la nuit, il déchargeait les camions et glanait les légumes invendus qui traînaient là et les revendait à bas prix à ses connaissances. Le quartier des Halles qu'il habitait lui offrait à ce point de vue mille possibilités. Il gagnait sur tout et gagnait bien. J'en fus persuadée à notre arrivée. Je vis sa maison. Quelle magnifique demeure !

De grands halls d'entrée, pavés de riches dallages, des voûtes, des niches doucement éclairées où veille la Sainte Vierge, le patio, lui aussi dallé, où plantes et fontaine apportent une note de fraîcheur. Une maison typiquement espagnole !

Nous nous reposâmes deux jours, puis il me conduisit dans ma belle-famille. La petite somme d'argent que j'avais cachée dans mon passeport avait disparu, quelle mauvaise surprise ! Mon séjour commençait mal. J'avais remis mes papiers à Henrico à la frontière en oubliant cette somme d'argent à l'intérieur. L'avait-il perdue ou prise ?

Quand j'arrivai chez ma belle-sœur, le soir même, j'eus beaucoup de visites. Que ces gens étaient gentils ! pensais-je naïvement et j'étais touchée par toute cette gentillesse. Je n'apercevais pas l'air gêné de ma belle-sœur. Plus tard, elle m'expliqua que Pedro avait fait des dettes et qu'ils espéraient que je les rembourserais. Je comprenais pourquoi il ne voulait plus me laisser venir !

Il avait encore mené une vie dissipée et cela avait eu des répercussions, ce n'était pas pour faire plaisir à Henriette. Le soir, devant le feu de cheminée, nous bavardions longuement toutes deux. Elle m'apprit que Pedro leur en avait fait voir à elle et à sa mère qu'il frappait pour un peu d'argent.

Il avait quelquefois des crises pendant lesquelles elle était obligée de se sauver, avec son neveu chez la voisine car il menaçait de les tuer. Je fus effrayée d'entendre ces histoires. Etais-je mariée à un fou ? De mon côté, je lui racontais comment Pedro menait sa vie à Paris, les déceptions, la misère ! Nous nous déchargions le cœur. Je me rendais compte combien Henriette était marquée par la maladie et la mort de sa mère. Pauvre Mamou, elle avait tant souffert ! Son fils aîné n'avait même pas attendu qu'elle ait fermé les yeux pour venir prendre les meubles ! Mamou disparue, il fallut quitter la maison. Henriette et son mari achetèrent celle-ci, située à Tabernes de Valdigna, calle de la Fuente del canuto. La rue était nommée ainsi car la fontaine du chien était un peu plus haut et les femmes y défilaient avec le récipient de terre, « la bodiga » sur l'épaule ou la hanche.

La maison comprenait deux chambres pavées avec un hall et une salle en terre battue, c'était assez courant là-bas. Miguel, maçon, prévoyait d'y faire le carrelage. Un bel escalier de bois prenait dans la salle et menait au grenier qui pouvait être facilement aménagé. Je me souviens de la jolie petite cheminée qu'il y avait dans la salle, tout en faïence blanche avec un panier de delft au milieu. Chaque jour, elle était lavée.

Il fallait que je sois là cette année-là pour que tombe la neige. Ce phénomène n'avait pas eu lieu depuis une bonne vingtaine d'années. Les vieux étaient étonnés, mais les enfants, alors ! Imaginez leur surprise ! Même les plus grands n'avaient jamais vu cela !

Avec la tempête, toutes les communications furent interrompues. Mon séjour touchait à sa fin et je n'avais évidemment pas de nouvelles de Henrico. Je ne me faisais pas de soucis, je savais que j'étais capable de me débrouiller si je devais rester. Ce n'était pas l'absence de mon mari qui m'aurait pesé. Je m'étais complètement détachée de lui. J'avais appris qu'il avait parfois des façons inquiétantes de se comporter.

Il avait emprunté de l'argent dans son village sachant qu'il n'y reviendrait pas de sitôt et que le temps se chargerait de faire oublier ses dettes. Il n'avait même pas pris la peine de faire une visite au cimetière où reposait sa mère. Tout ceci n'était pas fait pour nous rapprocher.

Malheureusement, j'attendis jusqu'au mois de mai pour le quitter et je partis enceinte pour la troisième fois, fatiguée, pâle et amaigrie. S'il m'était dur de laisser mon logis où j'aurais dû être heureuse et ces quelques meubles que nous avions eu tant de mal à réunir, je quittais mon mari avec soulagement. Je ne pouvais plus le supporter. En sa présence, j'étais crispée, tendue, inquiète.

Je tins à remercier la « Tata » de nous avoir hébergés gratuitement et lui disant au revoir, je la mis au courant de ma décision. La brave dame était navrée.

Je sus par une conversation que m'avait rapportée notre amie Ada qu'au travail on supportait beaucoup les sautes d'humeur de Pedro pour moi et pour notre fils.

En effet, à la femme du neveu qui s'étonnait qu'il ne soit pas mis à la porte, celui-ci lui répondit :

— Oui, mais la « Tata » a dit que si on le fichait à la porte, c'est sa femme et son fils qui en paieraient les conséquences.

J'étais donc à peu près sûre que moi partie, on ne le garderait pas longtemps.

Au travail, il était comme à la maison : une plaisanterie qui le piquait un peu et le voilà qui se fâchait ! Ce n'était pas rare que, là aussi, il envoie promener les outils aux quatre vents, tant pis pour ceux qui se trouvaient là, et il partait.

En rentrant à la maison, il se disait malade et se couchait. Le lendemain, il ne retournait pas au travail. Le neveu qui habitait au-dessous venait le voir et le raisonnait en mon absence et il repartait enfin.

16

JE quittai Paris dans la même grisaille où je l'avais trouvé cinq ans auparavant.

Seule à la gare Montparnasse, la menotte de Patrick dans une main, une valise dans l'autre, je ne respirai qu'une fois dans le train tellement je craignais de voir arriver mon mari.

Je partais, il fallait que je parte. Cela correspondait à un besoin irrésistible, une impossibilité de continuer à vivre ainsi. J'étais à bout de nerfs, au bout du rouleau.

Ma décision était définitive. C'était grave et je le ressentais. J'avais l'impression de tourner une page. Mais jeune comme je l'étais, avais-je pensé au divorce ? Je me séparais de Pedro, je ne voulais plus de lui, c'était aussi simple que cela. Je n'avais jamais pensé qu'il me faudrait accomplir des formalités.

Les premiers jours, je vécus relativement détendue, j'avais l'impression d'être loin de tout, intouchable.

Mais la réalité reprit vite le dessus. Un jour, Pedro vint. Un vent de folie, la panique s'empara de moi et je refusai de lui ouvrir. Il alla se plaindre à la gendarmerie. Les gendarmes vinrent m'expliquer que je ne pouvais lui refuser le droit de voir son fils. A partir de là, à chacune de ses visites, je m'imposai une corvée : tout l'après-midi, je le passai avec Patrick et lui.

Cela m'était insupportable, nous passions le temps à nous disputer et mes nerfs, déjà si malades, étaient mis à rude épreuve. Pedro insistait pour que je revienne à la maison, mais toujours, je refusais. Il se vanta d'ailleurs que, si je revenais, il me ferait marcher à la baguette, selon sa propre expression.

N'arrivant pas à ses fins, il pensa sans doute que si le maire mariait les gens, il devait être capable de me forcer à revenir. Le maire, après l'avoir écouté, me fit venir seule. Devant cet homme qui me paraissait bon et compréhensif, je vidai mon sac. Sans crainte, sans complexe, je me confiai à lui comme à un père. Il comprit vite que j'étais à bout. Reconvoqués tous les deux, il tint à mon mari ces propos :

— Regardez votre femme, on dirait qu'il y a des mois qu'elle n'a pas dormi ! Alors, voilà, ce que je vous propose : laissez-la se reposer jusqu'à ce qu'elle ait son bébé et ensuite vous verrez mieux ce que vous ferez.

Il lui demanda une petite allocation mensuelle pour moi et mon bébé. Ce n'était pas du tout ce à quoi rêvait Pedro. Pour lui, c'était « marche ou crève » et il se fichait pas mal de ma santé. Pris au piège, il ne pouvait que faire semblant d'accepter.

Je savais bien qu'il faisait contre mauvaise fortune bon cœur.

Le maire me demanda si je voulais être payée directement ou si je préférais que cela passe par lui. Je répondis sans hésiter que j'aimerais mieux que mon mari lui envoie l'argent à lui. Je savais qu'il ne paierait pas, ainsi le maire s'en rendrait compte. C'est ainsi qu'au bout de deux mois, n'ayant rien perçu, il écrivit à l'employeur de mon mari qui me paya l'allocation jusqu'à deux mois après l'accouchement, sur la caisse d'entraide de l'entreprise.

Pedro, non seulement ne paya pas, mais revint à la charge. Je ne pouvais plus supporter cette présence, cela me rendait malade. Ce dimanche-là, je le laissai promener seul son fils, mais lorsque le soir arriva et que personne ne revint, je sus que j'avais commis une imprudence. Pedro avait emmené le petit, pensant me forcer à le suivre...

Un mois passa sans qu'il obtienne le résultat escompté, même si j'en avais eu le désir, j'aurais eu bien trop peur pour revenir. Petit Patrick me manquait, il est vrai, mais je sentais qu'il se passerait quelque chose, il ne pouvait être parti pour bien longtemps.

Vers la mi-juin, un dimanche matin, je reçus la visite d'un de ses amis espagnols : Antonio et sa fiancée, qui venaient, disaient-ils, pour aller au restaurant. Sans méfiance, je les suivis et nous voilà partis en direction de T... par cette petite route qui serpente à travers les prés verts.

A deux kilomètres de là, surprise désagréable : Pedro avec Patrick dans les bras arpentait la route en nous attendant. Hors de moi, je bondis de la voiture et m'enfuis à travers champs. Pedro, sans doute, chercha à me rattraper après avoir remis Patrick dans la voiture avec le couple. J'avais des ailes et je connaissais le coin. Arrivée derrière la maison, je sanglotai nerveusement, appuyée à l'échelle, n'osant pas rentrer, tellement ma hantise de rencontrer Pedro était grande.

Maman rentrait de ses courses et me cherchait. Me rendant à son appel, elle m'avertit que Patrick était seul avec le couple dans la voiture qui attendait sur la petite place en bas de chez nous.

Elle n'eut pas besoin d'en dire plus, nous nous étions comprises en peu de mots. Je volai littéralement jusque-là, ouvris d'autorité la portière et pris mon enfant après avoir repoussé la jeune femme qui voulait s'interposer. Remontée aussi vite, je m'enfermai à la maison. Maman était là. Une demi-heure passa à peine que Pedro arriva, escorté de la maréchaussée. La gendarmerie se déplaçait au moindre de ses appels, que la cause fût bonne ou non.

Pedro, en costume, chemise blanche et cravate, « en foutait plein la vue » à ces gens de la campagne, qui, pour la plupart, avaient fait leur plus long voyage à l'armée. La parole facile, il leur faisait entendre ce qu'il voulait.

Notre maison était pourvue, comme bon nombre de maisons de campagne, d'une porte en deux parties : le bas et le haut, celui-ci pouvant s'ouvrir seul comme une fenêtre. Cette porte devait marquer mon existence et celle de Patrick. Maman reçut cette importante visite dans le jardin, parlementant au-dessus de sa porte.

Pedro, en bon Latin, jouait le père éploré à grands renforts de lamentations et de gestes, pauvre petit oiseau battant de l'aile aux quatre coins de la cour. Ce pauvre papa touchait le cœur de la maréchaussée. Celle-ci, sévère, l'air de ceux dont les ordres ne se discutent pas, nous ordonnait d'ouvrir et de rendre l'enfant.

Si j'avais été seule, qu'aurait fait la pauvre petite fille que j'étais alors devant leurs tentatives d'intimidations ? Maman, elle, ne s'en laissa pas conter, elle en avait vu d'autres ! Tapie dans le fond de la pièce, mon bébé blotti contre moi, je le caressai, heureuse de le retrouver et tremblant de le perdre aussitôt. J'assistais, éperdue au dialogue qui se termina ainsi :

— Il faut lui redonner son enfant, c'est le père, disait une voix sévère.

Ce à quoi répondait Maman, du tac au tac :

— Et elle, alors, c'est qui ? Ce n'est pas la mère peut-être ? Il l'a eu un mois, nous l'aurons bien un mois aussi.

Hé bien oui ! pensai-je étonnée, je suis la mère, alors je compte pour quoi ? Je compte « pour du beurre »!

Devant ces vérités si bien assenées, les gendarmes ne trouvèrent plus rien à redire. Ne pouvant insister davantage, ils dirent, bien à regret, à mon mari qu'il fallait partir.

Il y avait quelque temps déjà que, comprenant enfin la nécessité d'aller plus loin, je m'étais déplacée au Mans pour y rencontrer un avocat. Les premières démarches étaient engagées, mais, en 1960, les choses n'avançaient pas aussi vite que maintenant.

Je passai le temps à pouponner chèrement mon bébé. Lui était heureux, les beaux jours étaient là et il passait ses journées à courir devant la maison. Il profitait bien du grand air et ses joues prenaient des couleurs.

Mais Pedro, le père, était devenu la bête noire qui nous menaçait dans mon cauchemar, le jour de mon accouchement.

17

13 JUILLET 1960. Une chaude journée d'été. Le ciel est tellement bleu qu'il en tourne au gris. Le soleil est comme du plomb, la chaleur devient orageuse. J'ai le ventre proéminent et les jambes lourdes. Je suis mal. Maman qui n'a jamais aimé la chaleur est aussi gênée.

Seul Patrick, insouciant des sautes d'humeur du temps, pourvu qu'il puisse jouer dehors, étrenne la trotinette que nous lui avons achetée.

La matinée coule ses heures, tranquille et l'après-midi promet d'être tout aussi paisible. J'en oublie les tourments précédents et à venir, j'en oublie toute méfiance.

A part l'orage, aucune autre menace ne semble planer au-dessus de nos têtes. Tout est si tranquille...

Pourtant, au début de cet après-midi, une dame apparaît au bout du chemin, une serviette à la main. Je vais à sa rencontre, mise en garde par Maman qui me souffle :

— Qu'est-ce que c'est que ça ? Je l'ai déjà vue quelque part !

— Bonjour Madame, je suis assistante sociale et je viens pour voir votre enfant. Il est bien ici ?

Je réponds à son bonjour, mais pas à sa question et lui demande aussitôt sa carte d'assistante sociale.

Je ne sais plus ce qu'elle me bredouille, mais ma demande l'a fort embarrassée. La méfiance se transforme en certitude : elle est incapable de me présenter un document prouvant son état. Je la prends par la main et la fait descendre le chemin abrupt avec mon pied au derrière, cette assistante sociale de pacotille !

Quelque temps plus tard, Pedro arrive accompagné d'un inconnu. Obligée de le recevoir, je le fais entrer et il invite son ami à le suivre. Méfiante, je refuse : je ne suis pas tenue de recevoir un inconnu.

Sa visite fut de courte durée. Sans trop s'occuper de Patrick qu'il tient dans ses bras, il me redemande plusieurs fois et toujours sur le même ton impérieux de revenir au domicile conjugal. Ma réponse ne varie pas : c'est non ! Il se lève pour partir et je m'approche pour reprendre mon bébé. Sans que je m'y attende, il me repousse violemment du coude. Maman, arrivée après lui et qui se tenait discrètement à l'écart jusqu'à présent, vient à la rescousse. Attrapant d'une main Pedro par les cheveux et repoussant de l'autre le haut de la porte qu'il tente d'ouvrir. Pendant que je me relève, c'est ma mère qui est projetée au sol. J'aggripe désespérément mon petit Patrick qui crie. Malgré les coups que je reçois. Trop tard, le haut de la porte s'ouvre. Pedro appelle son acolyte, lui passe l'enfant. Je ne peux pas lui arracher les pieds, car l'autre ne se gêne pas, il tire, alors je lâche prise.

Bousculant mon mari, je repousse le haut de la porte, mais il m'éjecte deux mètres plus loin sur le coin de la table. Dans un fracas de vitres cassées, il s'élance dans un bond formidable par-dessus le bas de la porte. J'ai beau courir derrière les deux fuyards, j'arrive sur la Nationale pour voir disparaître en haut de la côte la dernière voiture.

Une petite grand-mère qui habitait là me dit plus tard que trois voitures se trouvaient sur les lieux. Trois voitures de la région parisienne avec des gens qui courent, cela se remarque !

Qui étaient ces gens qui se mêlaient à de telles affaires ? Qui étaient ces gens que je ne connaissais pas ? De la famille de cette nourrice qui avait gardé Patrick pendant le mois où il était avec son père ? Elle comptait déjà le bénéfice qu'elle en tirerait ! En tout cas, elle ne l'a pas gardé longtemps ! Moi, j'étais là, plantée au bord de la Nationale, une arme dérisoire à la main. La foudre était tombée à mes pieds bien avant l'orage.

Nous découvrîmes de nombreuses traces de pas dans le jardin derrière la maison. Elles nous donnèrent à penser qu'on nous espionnait depuis quelque temps. Pedro était arrivé pendant l'absence de Maman, il l'avait vue partir et pensait que tout serait plus simple sans elle. Elle mit longtemps à se rappeler où elle avait vu cette soi-disant assistante sociale : c'était une employée de l'hôtel où descendait Pedro quand il venait. Il l'avait envoyée pour s'assurer que nous étions bien là avec le bébé. Tous se rangeaient de son côté...

Nous étions couvertes d'ecchymoses. Nous nous fîmes délivrer des certificats médicaux en vue de déposer une plainte. Les gendarmes devaient venir dresser un constat. Huit jours plus tard, nous les attendions encore au milieu des débris de verre. Ils ne sont jamais venus...

Ces jours qui suivirent furent des jours de deuil. Il n'y avait plus qu'un vide immense, le silence...

« C'est mon fils, ma bataille, il ne fallait pas qu'elle s'en aille... »

Deux petites phrases d'une chansonnette bien connue, tellement impudique qu'elle devrait être interdite. Mais voilà, elles résument si bien la pensée de tous !

La femme ne doit-elle pas être la servante douce et obéissante pour être l'épouse modèle ? Ne doit-elle pas tout subir, tout accepter sans se plaindre ? Aimer ses enfants jusqu'au sacrifice pour être une bonne mère !

Gare à celles qui ne sont pas copie conforme ! Voilà ce que je ressentais profondément.

Maman, même, me dit un jour que je lui faisais honte derrière elle : « Ta place est avec ton gamin. »

Que pouvais-je faire ? Rejetée du seul endroit où j'avais trouvé refuge, à un mois de mon accouchement ? J'entrais à la Maison Maternelle du Mans. Contrairement à celle de Paris, je m'y trouvais bien. Nous étions installées dans un vieux château qui existe encore. J'aimais beaucoup le parc qui l'entourait, protégé par de hauts murs.

Mes nerfs fatigués, mis à rude épreuve, me tracassaient. Le soir, j'avais du mal à m'endormir et par la fenêtre grande ouverte, il me semblait entendre mon mari marcher à pas réguliers. Retenant mon souffle, je me levai silencieusement dans la pénombre. De la fenêtre du troisième étage, j'observai quelques instants la route noire.

Rassurée, je retournai me coucher et le martèlement régulier reprenait. C'était ainsi tous les soirs et je me relevais plusieurs fois, ne m'endormant qu'à bout de fatigue.

Le temps passait, le terme approchait. J'avais foi en la Justice, naïvement. L'espérance, toujours tenace, je me disais que nous allions bientôt passer au Tribunal. Patrick n'avait que 2 ans et demi, un enfant si petit avait besoin de sa maman. « Ils » ne pouvaient faire autrement que de m'en donner la garde.

Ce fut le 23 août que j'accouchai d'un beau garçon que j'appelai Mario. J'étais seule encore une fois, mais cette fois-ci, je l'avais voulu.

J'étais à la clinique de l'hôpital. Nous avions la radio individuelle et je suivais de près l'affaire de Cestas. Cet homme qui, à l'issue de son droit de visite, n'a plus voulu rendre les trois ou quatre enfants à leur mère. Il a commencé par les séquestrer. Pendant ce temps, tout le monde s'apitoyait devant ce pauvre papa prêt à se tuer avec ses enfants.

Personne n'avait tellement envie de les lui retirer. Ni les gendarmes qui entouraient la maison, jour et nuit, n'étant là que pour la parade, ni cette assistante sociale qui rentrait chaque jour pour leur apporter de la nourriture.

Qui peut croire qu'à l'heure où l'on préparait les premiers voyages sur la Lune, il n'y avait aucun moyen de maîtriser ce pauvre fou ?

Mais on l'a laissé faire, il faisait marcher tout le monde selon sa volonté, et il les a tous tués.

Je partageais la peine de cette mère accablée par le malheur. Ecoutant le reportage, le jour de l'enterrement, je pleurai de rage, de désespoir et d'indignation en entendant les curieux placés sur le passage du cortège funèbre, hurler et siffler à l'intention de la mère. De quel droit venait-on la blâmer ? N'aurait-on pas pu respecter sa douleur ? Non, un cercueil manquait. Le sien. On continuait à plaindre ce fou, ce criminel. C'était odieux.

On parle beaucoup actuellement du divorce, phénomène de société, mais il y a presque chaque jour un homme qui tue son ou ses enfants, monnaie de son ignoble chantage. Il sera puni, certes, mais on en parle si peu. Pourquoi ? L'homme est considéré depuis des siècles comme le seigneur et maître de son épouse et de ses enfants. A ce titre, il en est le propriétaire : en Sicile, le père ou les frères tuent encore de nos jours celle qui a « sali » leur nom. En Afrique, n'est-ce pas le père qui vend sa fille au plus offrant et ceci dès son plus jeune âge ? En France, il n'y a pas si longtemps que la femme peut choisir son mari.

On ne change pas si facilement les mentalités, et il y aura encore beaucoup à faire.

18

QUINZE jours plus tard, je réintégrai l'abri maternel avec mon bébé. Comme pour Patrick, j'allaitais Mario. J'avais l'impression de mieux me l'attacher, car une maman qui allaite son enfant, c'est quelque chose et cela, même les « nouveaux » pères ne pourront jamais le faire.

Pourtant, je n'étais jamais tranquille et lorsque retentissait la sonnette de la porte d'entrée, annonçant une visite, je courais me poster au deuxième étage devant la porte de la nursery. « Il » venait pour me le prendre, c'était sûr ! J'attendais anxieuse, le cœur battant, toutes griffes dehors, j'étais déjà folle, prête à défendre mon petit. Les minutes pesaient lourd. Je guettais un bruit de pas dans l'escalier...

Le temps passait interminable, mes nerfs se détendaient. Ouf ! l'alerte était passée !

Enfin, nous allions bientôt passer en non-conciliation. J'étais contente, tout allait s'arranger, mais j'appréhendais cette rencontre. Ce fut encore pire que je ne l'imaginais.

Mon mari n'avait pas hésité à traîner Patrick, un si jeune enfant dans les couloirs du Palais de Justice, au cas sans doute où on aurait oublié que c'était lui qui l'avait !

C'était dur de voir mon petit bonhomme là, et de ne pouvoir l'approcher.

Prenant tout le monde à témoin, il m'injuriait en disant que j'avais abandonné cet enfant.

Tous ces gens s'étaient attroupés et me regardaient comme une bête curieuse.

Ah ! si je m'étais levée à ce moment-là en lui disant : « Non, je ne l'ai pas abandonné, mais c'est toi qui l'as arraché des bras de sa mère et si tu ne me le redonnes pas et tout de suite, tu pourras garder Mario avec, je le dirai au juge. »

Il y aurait peut-être regardé à deux fois, mais on joue avec nos sentiments et la femme n'est faible que parce qu'elle a du cœur. Quand ce fut notre tour, cela fut vite fait. Mon mari n'avait pas d'avocat et le mien était muet. Il fallut préciser au juge qu'il y avait un autre enfant. Nous en avions un, chacun, très bien, très bien. Vous ne voulez plus vivre ensemble, eh bien, vivez séparément, et nous repartîmes chacun de notre côté, chacun avec notre garçon. Par routine, le juge avait ordonné une enquête sociale pour la garde définitive. Enquête de pure forme et peu sérieuse. Dans notre cas, je présume qu'il fallait que celle-ci justifie la décision provisoire, c'était tellement plus simple ! Une enquête est le produit des ragots de personnes interrogées avec, en plus, les pensées de celle qui les rapporte.

L'assistante sociale vint me trouver quelques mois plus tard à mon travail. J'avais fini par en dénicher un, à deux pas de chez nous, travail, hélas ! saisonnier. Cela ne plaidait pas en ma faveur !

Cette femme possédant plus d'instruction que de vocation, de préjugés que de cœur, vit sur les murs de notre vieille maison des taches de fumée (à cause du feu de cheminée) qu'elle confondit avec des taches d'humidité.

Méprisant l'intérieur dépourvu de confort et de coquetterie, elle ne se rendit pas compte du toit sûr, de la chaude affection et de la stabilité qui étaient offerts aux enfants.

Elle criait bien fort qu'il fallait me les laisser, mais disait tout ce qu'il fallait pour que je ne les aie pas.

Je puis affirmer que son enquête est un tissu de mensonges qui frise là diffamation.

Parlant de moi, elle dit que je suis une petite garce irresponsable, plus à plaindre qu'à blâmer et sur laquelle on ne peut compter ni faire confiance. Elle fait ressortir mon origine modeste et mon milieu peu brillant, et me déclare incapable de réagir, de prévoir, de m'organiser, de faire face aux événements. Je vis très retirée chez ma mère, assez peu connue à C... car je vivais pratiquement à Paris depuis cinq ans, je « semble » sérieuse ; je « semble aimer mes enfants ».

Ma mère était une femme sans pudeur ni moralité et il était impensable de laisser de jeunes enfants à son contact... Ils deviendraient des rebuts de l'humanité ! Et c'est mon père qui a dû demander le divorce du fait de la vie infernale qu'elle lui faisait mener ! Qu'est-ce qu'il ne fallait pas entendre... On voit bien que ce n'était pas elle qui couchait dehors !

Quant à mon mari, on se contenta de deux lignes : à peine connu à C..., a donné à ceux qui l'ont rencontré une excellente impression.

Une enquête sérieuse aurait dû être faite à Paris. Avec ce chiffon de médisances, je savais que je n'avais plus rien à espérer.

En confiant le petit Patrick à son père, homme peu stable, c'était l'éloigner à tout jamais de moi.

Après m'avoir fait subir des humiliations lorsque j'étais enfant, on privait le mien d'une mère.

Quelques mois plus tard, la saison la plus forte passée, le patron licencia, gardant un minimum de personnel.

J'étais seule avec Mario à charge, je fus dans le lot des exclus.

Des femmes mariées employées pour le deuxième salaire de leur foyer gardèrent leur emploi.

Cependant, un mois ne s'était pas écoulé que je retrouvai un travail, je ne sais plus comment, dans cette usine située à quelques kilomètres de chez nous. Chaque matin, un car partait du Mans et nous ramenait le soir.

Je retournai voir Patrick lorsque, ma nouvelle vie s'étant organisée, mes moyens financiers me le permirent. Mario avait 6 mois, je l'emmenai, Maman m'accompagna. J'avais toujours cette peur qui me faisait craindre l'homme capable de tout.

Mon mari avait déjà certainement changé de travail. Je le retrouvai dans une petite chambre d'un immeuble miteux. Maniaque comme toujours, l'intérieur était très propre, mais il avait vendu les plus beaux meubles. Il ne restait plus grand-chose.

Nous passâmes une heure ou deux à regarder Patrick entre quatre murs gris. Le temps me parut bien long devant cet enfant pour qui je n'étais plus qu'une étrangère.

Le petit frère, amené là, pour qu'il le vît, ne l'intéressa guère. Il passa son temps à faire son petit clown, heureux d'être le centre d'intérêt de ces deux dames.

Je lui avais déjà rendu visite lorsque Pedro l'avait repris la première fois et la séparation avait été déchirante, mais, pendant ces quelques mois qui venaient de s'écouler, l'oubli était venu pour lui et avec l'oubli, l'indifférence.

Un peu plus tard, Pedro devait vendre ce qui lui restait pour partir à Montluçon où résidait une de ses sœurs.

Montluçon, c'était déjà pour moi le bout du

monde. Je travaillais le samedi, il ne me restait donc que peu de temps de libre.

Nous travaillions jour et nuit et malgré cela, nos salaires n'étaient pas plus élevés qu'il fallait !

Ma belle-sœur de Montluçon, dans l'espoir de nous réconcilier, sans doute, m'écrivit un moment et m'envoya des nouvelles du petit. Un jour, le silence se fit...

Je décidai d'oublier cette histoire, c'était la seule chose que je pouvais faire.

J'enfouis au fond de moi tous ces souvenirs et, quelques années plus tard, lorsqu'il m'arrivait d'y penser, ceux-ci me parvenaient, ouatés, lointains, comme si c'était une autre qui les aurait vécus.

Pourtant, ce n'était pas toujours facile, Maman se plaisait à répéter :

— Ce pauvre petit Patrick, je me demande bien où il est !

C'était le couteau remué dans la plaie, ça ne servait à rien et ça m'agaçait.

Je sentais le reproche. Alors qu'elle avait toujours été à mes côtés, elle me désapprouvait : « Vivre sans son gosse ! Faut pas être une mère ! »

Je lisais sa pensée comme si elle était écrite sur son front. Je me sentais fautive, coupable, je me faisais silencieuse...

A la question : Combien avez-vous d'enfants ? J'en oubliais automatiquement, volontairement un : Patrick.

19

MA nouvelle vie s'organisa. Je travaillai énormément. Ma mère vivait dans une seule pièce et louait les deux autres. Elle récupéra vite une pièce pour moi et Mario ; de plus, elle m'incita à passer mon permis de conduire et dès que je le pus, je m'achetai une coriace quatre chevaux, vieille voiture à bon marché qui consommait autant d'huile que d'essence, mais ne me laissa jamais en rade. Il faut dire que je n'allais pas loin : le travail et quelques balades en famille, le dimanche.

Je vivais pour Mario et pour l'amitié. Quelquefois, les copines auraient aimé que je sorte avec elles. Avec la voiture, je pouvais les emmener.

Maman n'aurait jamais voulu garder Mario pour que je sorte : une divorcée, une mère de famille n'était pas à sa place dans un bal ! La femme sans moralité avait plutôt la moralité rigide !

Je trouvais du plaisir au travail et le week-end, je promenais la famille.

Mon frère était encore jeune, j'arrivais à le porter dans mes bras, loin dans la forêt ou au bord d'un étang.

La vie s'écoulait ainsi, Mario fit ses premiers pas et grandit. Trois années passèrent et mes meilleures amies s'en allèrent. Tout mon univers s'écroulait à nouveau...

Je rentrai dans une nouvelle entreprise à C... Avec des heures plus régulières, j'espérais avoir plus de temps pour m'occuper de Mario. Le travail était moins plaisant et si je travaillais beaucoup moins, cela ne m'empêchait pas de trouver les jours beaucoup plus longs. C'est pendant cette période creuse que je connus mon deuxième mari. Travailleur itinérant, les choses allèrent plus vite qu'elles n'auraient dû.

Nous nous mîmes en ménage. Après quelques mois de vie commune, tous les ennuis commencèrent. Maman accepta mal la présence de cet homme? Mario qui ne supportait pas une autre nourrice m'obligea à quitter le travail.

J'eus tout de suite un autre garçon : Jean-Jacques. Puis, je fus toujours malade avec des grossesses successives. Je ne songeais pas à me remarier, mais je n'avais pas droit aux assurances sociales de mon concubin. Le mariage supprimait cet inconvénient.

Ainsi, les lois sociales et les événements m'obligèrent à me remarier. Je fis trois fausses couches en deux ans et je pus me rendre compte encore une fois combien la vie des femmes et leur santé comptaient peu. Considérées ni plus ni moins comme du bétail, elles ne pèsent pas lourd devant l'espérance d'une autre vie. Produire, se reproduire, voilà tout ce qu'on leur demande, qu'importe si elles en crèvent. L'enfant est un produit national acheté d'avance par le gouvernement.

Un ministre allait déclarer plus tard, devant la montée du chômage, le nombre des femmes sur le marché du travail et la baisse de la natalité : « Mieux vaut envoyer les femmes au lit qu'au travail... »

Ces grossesses trop rapprochées me fatiguaient et ne voulaient pas tenir. Mais au lieu de pratiquer une interruption de grossesse dès les premières semaines, les médecins s'acharnaient sur mon corps pour le forcer à porter cet enfant dont il ne voulait pas.

Et pendant des mois, je traînais au lit, me vidant peu à peu de mon sang jusqu'au jour où, malgré tout, le petit fœtus se détachait, me laissant plus fragile, plus pâle et plus amaigrie que jamais.

Je passerai sur ce que fut ce deuxième mariage, tout aussi raté que le précédent. Encore la maladie, une nouvelle misère, une nouvelle discorde.

Mon mari, instable, buveur, cumulait les bêtises : amendes, stages en prison, tout y passait.

Trois ans plus tard, je refis mes valises. Cette fois, j'avais un peu d'expérience et je sus mieux m'y prendre.

Je demandai l'autorisation de passer au tribunal et obtins aussitôt la garde de Jean-Jacques que j'avais mis momentanément en nourrice chez sa marraine. Je retravaillais depuis un an dans notre usine, ce n'était plus la même chose, mais je m'y plaisais toujours. Il faut croire que mon rendement très moyen d'aprés l'enquête, était assez satisfaisant pour que l'entreprise m'embauchât à nouveau.

Mon mari me déclara une guerre acharnée, connaissant mes heures de travail, il me guettait sur les routes, m'attaquant au passage. Aller et revenir du travail devint très difficile.

Un soir, il va rendre visite à Jean-Jacques et, malgré la décision du tribunal, il l'emmene par cette froide soirée d'octobre, sans vêtements chauds et sans prévenir, sur son vélomoteur.

La secrétaire de mairie, habitant le même immeuble que lui, fait venir l'assistante sociale qui, sans prendre de renseignements, place notre fils en nourrice chez la dame du dessus, allant à l'encontre des décisions du tribunal.

Je voulus reprendre mon fils, mais la Justice étant toujours aussi lente, je ne reçus l'ordonnance de non-conciliation que deux mois plus tard. Je n'avais donc aucun papier prouvant que j'en avais la garde officiellement. Sans ce papier, les gendarmes me refusèrent leur appui. Quand je rendais visite à Jean-Jacques, c'était sous bonne garde et je n'aurais pu sortir avec.

Dans le même temps, trop ennuyée par mon mari, je partis travailler à Paris.

J'attendais patiemment mon papier pour pouvoir agir, mais lorsque je le reçus, j'hésitai à retirer Jean-Jacques qui était bien habitué là. Je fournis une photocopie du document à la nourrice.

Je profitais de mon congé, un mercredi sur deux, pour aller le voir, mon mari étant au travail, cela évitait une rencontre désagréable.

La dame me recevait bien, elle me disait qu'elle préférait avoir affaire à moi, se plaignait que mon mari la payait mal.

Elle me racontait qu'il ramenait le petit chaque week-end, sale et trempé. Il l'emmenait avec lui à la pêche et je tremblais qu'il ne lui arrivât un accident.

J'écrivais à chaque fois à l'assistante sociale pour la prévenir de mon passage chez la nourrice et pour lui proposer une entrevue si elle désirait me parler. Jamais elle ne me répondit.

20

A la fin de novembre, la nourrice se plaignit que mon mari ne la payait toujours pas. Je m'affolai, considérant avec appréhension la dette que cela allait faire. Je payai ma part définie par le tribunal, je n'avais pas à me soucier de celle de mon mari, mais, bêtement, j'allongeai cent francs de plus à la nourrice.

Trois semaines plus tard, à l'occasion des fêtes de Noël, j'obtins, pour la première fois depuis bien longtemps, trois jours de congé. Je me réjouissais à l'avance de pouvoir les passer avec mes deux enfants réunis, Mario étant chez sa grand-mère.

J'écrivis à la nourrice pour la prévenir et je reçus sa réponse : elle ne pouvait me confier Jean-Jacques, car, dit-elle, l'assistante sociale avait interdit que l'enfant passe une nuit ailleurs que chez elle (mon mari continuait cependant à l'avoir à chaque week-end).

J'étais outrée de tant de mesquinerie, je pleurais de rage et de désespoir. J'écrivis à l'assistante sociale pour lui crier ma colère et je ne lui mâchai pas mes mots pour lui dire que j'avais élevé mon fils trois ans, que je pensais être encore capable de l'avoir trois jours. J'avais le droit de visite le premier et le troisième dimanche de chaque mois et que le dimanche de Noël étant le troisième du mois de décembre, j'étais libre de porter plainte pour non-présentation d'enfant et je la prévins qu'il ne fallait pas qu'elle se fasse trop d'illusions en faveur de mon mari, il ne paierait certainement pas longtemps.

Je ne mis naturellement pas ma menace à exécution et rassurai la nourrice qui devait partir passer les fêtes en famille.

Mon employeur, me voyant tellement chagrin, me redonna encore quelques jours pour le Premier de l'An. Cette fois-ci, j'allai voir mon fils sans prévenir, mais je trouvai la porte encore close. Je restai cinq semaines, une éternité, sans voir mon fils !

Cette histoire me servit de leçon, ainsi, je pouvais payer entièrement la nourrice, mon mari en profiterait et ces femmes me mèneraient par le bout du nez ! Je résolus de continuer à bien payer ma part et de laisser la nourrice se débrouiller avec celle de mon mari, tant pis pour elle !

Je n'eus pas longtemps à attendre. A la fin de janvier, la nourrice se plaignit à nouveau de la non-solvabilité de mon mari, me disant qu'elle ne pouvait continuer à garder Jean-Jacques dans ces conditions. Avec l'air hypocrite de celle qui compatit à sa douleur, je lui répondis que je la comprenais très bien et que, personnellement, j'étais prête à payer mon mois de nourrice entièrement, mais que je voulais être libre de mon enfant et que chez elle, cela ne serait pas possible à cause de l'assistante sociale, je placerai donc mon enfant chez une autre nourrice. Mais vous n'avez pas le droit ! s'est-elle écriée.

— Je le remettrai chez sa marraine, ajoutai-je prudemment.

Je lui avais fourni la photocopie de l'ordonnance de non-conciliation et elle avait lu sans doute que j'en avais la garde avec l'obligation de le laisser en nourrice chez sa marraine où nous devions le prendre et le ramener les jours de visite.

Décidément, pensai-je, j'aurai tout entendu ! Là, où elles et mon mari avaient pris le droit d'agir à leur guise, cette nourrice entendait maintenant me faire respecter la loi ! Alors, soyons prudent...

Il fut convenu que je reprendrai Jean-Jacques quinze jours plus tard. Elle prévint l'assistante sociale.

Je ne travaillai à Paris que provisoirement à cause de mon mari, mais prévoyant que celui-ci reprendrait sa vie itinérante, je m'étais déniché un petit meublé, dont les voisins étaient très amis avec la marraine. C'est ainsi que je fis leur connaissance. Je leur confiai mon petit garçon, heureuse de l'avoir récupéré et pensant que, bientôt, nous allions être réunis.

Tout se passa comme je l'avais prévu. Mon mari partit et je retrouvai un travail à la « Radiotechnique ». Je quittais le petit village le matin par le train et je rentrais le soir, reprenant mon fils chaque jour. Quelque temps plus tard, l'assistante sociale, qui n'avait jamais daigné me connaître ni s'adresser à moi, m'écrivit pour me demander la nouvelle adresse de Jean-Jacques afin, disait-elle, de communiquer celle-ci à la Préfecture. Elle m'avait ignorée jusqu'à maintenant. J'en fis autant.

Ma mère connaissait une assistante sociale qui l'avait beaucoup aidée au cours de sa vie. J'étais dans son secteur et Maman alla la trouver. Je n'étais pas très favorable, car je me méfie de ces femmes qui, au lieu de nous aider, nous accablent bien souvent. Je n'eus pas à me plaindre de celle-là, elle fit obtenir le carnet de nourrice à ma voisine et demanda l'aide sociale à l'enfance pour moi. Cette allocation me dépanna car les débuts furent très durs. Mon mois de garde, mes frais de train et de cantine déduits sur mon maigre salaire, il ne me restait pas grand-chose. J'y arrivai péniblement mais j'y arrivai...

Dans l'immeuble où j'habitais dans le village de T..., j'ai gardé l'amitié d'une voisine qui m'est toujours très dévouée, je lui rends quelquefois visite. Elle me dira que mon ex-nourrice lui avait confié le regret de l'assistante sociale, cette vilaine fée Carabosse qui s'était exclamée : « Maintenant, je ne peux plus rien faire, sinon je l'aurais placé auprès de la Préfecture ! »

Eh bien ! Mon Jean-Jacques, nous l'avions échappé belle ! Que serait-il advenu de nous si, par malheur, j'avais été un mois sans payer la nourrice ? Nous serions tombés sous la tutelle de l'administration à jamais !

Mais c'est ainsi que je récupérai mon fils et plus jamais, je n'entendis parler de ces oiseaux de proie.

Il me fallut chaque année mendier la charité pour renouveler mon aide sociale à l'enfance, mais personne ne s'inquiéta de mon sort et jamais, je ne reçus de visite. Je ne m'en plaindrai pas, mais j'aurais pu être malade, dans le besoin, mes enfants mal tenus, il semble que cela était devenu tout à coup sans importance, comme quoi l'administration connaît les deux extrêmes.

21

PAISIBLEMENT, je vécus quelques mois au village de B... Toute la semaine, je prenais le train pour me rendre à mon travail et le week-end, je le passais entre la lessive et le ménage pour le samedi. Le dimanche, comme je n'avais pas de voiture, je me promenais à pied avec mon fils, ramassais les brindilles de bois pour allumer le feu, m'arrêtais dans un joli coin de campagne où Jean-Jacques pouvait jouer sur l'herbe.

J'avais mon fils. Mon mari était parti. J'étais tranquille, c'est tout ce que je souhaitais. Le divorce en lui-même m'importait peu. Qu'allait-il m'apporter de plus ? Alors, je laissais courir pour le moment...

C'est au cours de mes déplacements pour le travail que je rencontrai celui qui devait marquer ma vie à jamais.

Je bavardais avec une amie, bien installée dans ce train du soir qui nous ramenait. Nous nous amusions d'une voyageuse qui avait failli se faire coincer la tête dans la porte automatique tant elle était occupée à dire au revoir.

Une banquette plus loin, face à nous, il était là, grand, mince, avec un visage d'enfant. Un sourire gentil creusait une fossette sur chaque joue. Sans en connaître la raison, il s'amusait de notre plaisir. Se croyant concerné, il se leva et poliment, nous demanda la permission de s'asseoir près de nous. Ce sourire, cette politesse me charmèrent. Aussi, lorsqu'il souhaita me revoir, j'acceptai sans manière.

Nous nous revîmes, nous nous aimâmes. Avec lui, je goûtai le charme d'une présence tranquille, le plaisir de partager des idées politiques ou autres. Moi qui n'avais connu que des maris braillards avec qui je n'avais pas mon mot à dire, je découvrai tout à coup ce que pouvait être un bon compagnon, la présence d'un ami...

Mais je n'avais décidément pas de chance : il était depuis cinq ans au Mans, militaire de carrière ; originaire des Comores, il commençait à s'ennuyer dans cette ville et je l'avais rencontré alors qu'il revenait de Paris où il était allé s'inquiéter au ministère des Armées de sa demande de mutation en outre-mer. Notre amour fut de courte durée mais porta ses fruits : j'attendais un enfant. Il reçut sa mutation et partit en août 1968 en Nouvelle-Calédonie.

Commença pour moi une longue attente, je ne savais pas si je le reverrais, il était parti si loin. Il avait sa famille, il ne fallait pas que je me fasse trop d'illusions. Je sentais que tout n'était pas fini puisqu'une nouvelle vie allait naître. Cette grossesse, je ne la ressentais pas du tout comme les autres, je m'épanouissais, j'étais heureuse, je la sentais vivre en moi et je comprenais que le véritable sens de la vie était là. J'imaginais déjà son petit visage pareil à celui de son père.

Les mois passèrent sans que je ne reçoive aucune nouvelle et je pensais que j'étais déjà oubliée lorsque je reçus la première lettre, soit trois semaines avant mon accouchement. Six mois s'étaient écoulés depuis son départ.

C'est le 18 février 1969 que je mis au monde notre enfant. Je ne fus nullement étonnée d'apprendre que c'était une fille, cela me semblait tellement évident après quatre garçons ! J'étais infiniment heureuse, cependant, car j'aurais pu encore passer à côté. Une fille ! Mon double, celle qui pourra devenir une amie, qui réalisera mes ambitions, que je regarderai jeune et belle quand je serai vieille et qui continuera de vivre quand je ne serai plus. Je lui donnai le prénom de ma grand-mère maternelle que je trouvais très joli : Angelina.

J'avais récupéré le logement chez Maman : j'avais les deux grandes pièces, pas de loyer à payer ni de nourrice.

Je continuais à travailler à l'usine, mais je rentrais tard, obligée d'attendre le train une heure en gare. Bientôt, Maman se plaignit qu'elle ne pouvait rester seule si longtemps avec trois petits. J'arrivai à rentrer dans une entreprise de matériels radio du village voisin de T...

Ce n'était pas la même mentalité qu'à la « Radiotechnique » où l'ouvrière était bien considérée. Quel changement j'y trouvais ! Pourtant, il fallut bien s'y faire et le plaisir d'être avec mes enfants, le midi et le soir compensa le reste.

Grâce à Maman, je menais une vie à l'aise, je pus vite me racheter une autre voiture.

Le matin, pas besoin, comme beaucoup de mamans qui travaillent, de lever tôt mon bébé pour l'emmener en garde par tous les temps.

Je laissais ma fille bien au chaud dans son petit lit et sa grand-mère la surveillait. Heureusement car ma fille était une grande dormeuse. Quand je rentrais le midi, elle dormait encore !

Dès l'âge de deux ans et demi, elle alla à l'école, l'après-midi et les trois enfants rentraient ensemble. Les gens sur leur passage étaient subjugués de voir le soin attendri que les garçons prenaient pour leur petite sœur.

Les années passèrent et Maman était de plus en plus fière de la petite fille aux couettes et à la peau mate qui étaient la joie de ses vieux jours.

Elle n'arrivait pas à me considérer comme une personne libre et responsable et tant que je vécus près d'elle et ceci jusqu'à presque 35 ans, elle surveillait mon compte, ouvrait mon courrier. Je ne pouvais sortir sans l'emmener. Ces habitudes me pesaient et m'agaçaient énormément, mais, pour les enfants, il fallait bien supporter.

Si je voulais faire quelques courses dans les grands magasins et qu'elle m'accompagnait, je l'entendais vite souffler qu'elle en avait assez ou s'exclamer : « Que regardes-tu là ? Tu ne vas pas acheter ça ! » Alors, je préférais ne pas sortir, sachant que si j'allais seule, elle me ferait la tête.

Chaque année, je rêvais de partir en vacances avec les enfants, mais je n'osais, craignant le nombre de voitures sur les routes, une panne ou un accident.

Je continuais à vivre comme par le passé, la maison, les promenades en famille le dimanche ; au travail, je rêvais au père de ma fille que je n'oubliais pas malgré les nouvelles rares que je recevais.

Il écrivait toujours de loin en loin et chaque lettre que je recevais était un événement heureux.

A l'usine, je pensais avoir quelques bonnes amies et Dieu sait le prix que j'accorde à l'amitié, aussi qu'elle ne fut pas ma déception lorsqu'en fait d'amies, je ne découvris qu'hypocrisie ! J'étais en pleine période de déprime et je le supportais mal. Aussi lorsque la directrice de l'école de mes enfants me proposa un travail dans une famille bourgeoise où il y avait deux petites filles à garder, j'acceptai avec joie.

Le père de ma fille était de retour en France et avait été muté à Chalon-sur-Saône. Il était venu me voir plusieurs fois et avait fait connaissance avec sa fille avec beaucoup d'émotion. Elle avait 3 ans.

Cette année-là, je décidai une bonne fois pour toutes de partir près de lui pour les vacances. Après qu'il m'eut assuré qu'il ne partirait pas lui aussi, j'entrepris le voyage en Bourgogne.

Il vint nous voir le lendemain de notre arrivée, puis disparut bien vite chez une sœur à Marseille.

Vexée, je réalisais que je perdais tout mon temps après lui qui tenait à autre chose. Sans attendre son retour, j'écourtais mes vacances. Je décidai de l'oublier (1).

1) Suite de cette histoire dans un prochain ouvrage : « **Les fruits** de la passion ».

22

CINQ ans, je vécus près de ma mère, puis je décidai le grand saut. Je pris un crayon, fis mes comptes et calculai que je pouvais sans trop nous serrer, nous offrir un logement, un peu d'indépendance, un peu de confort. Nous n'étions pas trop à l'étroit, mais nous étions quand même dans deux pièces et je baignais les enfants dans un grand baquet en plastique. C'était la corvée, chaque fin de semaine, pour chauffer l'eau et ensuite la cuisine était inondée.

Je me demandais comment ma mère allait prendre la chose, mais quand je lui dis que je continuerai à prendre les enfants chez elle, le soir après mon travail, elle ne fit pas de difficultés.

J'allais déménager dans un joli pavillon H.L.M. au village de T... Je devais y rester trois ans. Trois plus cinq, cela fait huit. Huit ans pendant lesquels je fus relativement heureuse, me contentant du bonheur de chaque jour, regardant mes enfants grandir, huit années rythmées par les fêtes annuelles et par les vacances scolaires. Huit années qui furent aussi pour moi une course contre la montre. Chaque jour était le même : le matin, tôt levée, je préparais le repas du midi, à 9 heures le départ, je déposais les enfants à l'école sur le chemin du travail. Le midi, je les reprenais, nous allions manger, cela nous faisait à peu près une heure pendant laquelle, je mangeais vite, j'étendais du linge et m'avançais pour le repas du soir car je ne finissais mon travail qu'à 19 heures ; alors, je courais du matin au soir.

Mais les hommes direz-vous ? J'avais bien dû connaître d'autres hommes ? Pas trop, ne vous faites pas trop d'illusions, près de ma mère, c'eût été impossible et pas facile dans un petit village où chacun épie la vie privée de l'autre.

Je vous parlerai de Simon.

Mes enfants grandissaient. Je voyais avec inquiétude que, dans un an, les allocations familiales seraient réduites de moitié (on m'avait déjà diminué l'aide à l'enfance). Jamais, je ne pourrai payer le loyer avec mon petit salaire ! Alors ? Retourner chez ma mère, c'était une solution à laquelle je ne tenais pas tellement. Je pensais à refaire ma vie. Ce fut en parcourant les petites annonces que je trouvai celle de Simon. J'allai à Paris faire sa connaissance car il habitait la banlieue et était cadre à la R.A.T.P.

Je n'ai pas dû lui déplaire puisque, ensuite, c'est lui qui descendit dans mon village. Je m'attachai très vite à lui. C'était un homme tranquille comme le père de ma fille, joyeux et de caractère agréable, bon père de famille. Il avait élevé seul ses deux filles âgées de 18 et 20 ans, il était aussi bon bricoleur. Je venais d'emménager dans la maison et il planta mon décor.

Un jour, nous allâmes au Mans acheter un petit meuble pour ma chambre. Je conduisais ma voiture et sur le chemin du retour, Simon me dit :

— Tu ferais une bonne machiniste. Tu as bon pied, bon œil !

— Tu crois ?

Ne m'imaginant pas au volant d'un tel engin, je répondis aussitôt : « Oh non ! »

Etait-ce une boutade lancée comme ça ou tâtait-il le terrain ? L'ai-je déçu dans ma réponse ?

Puis il commença à m'expliquer que j'étais si bien à la campagne, que ce serait l'enfer pour nous la ville ! Et son appartement était si petit... et me dit-il, il était habitué à un certain standing, trois jeunes enfants, c'était une charge, il réfléchissait beaucoup. Trop sans doute, demandait conseil à sa fille aînée...

Enfin, je reçus une lettre pleine de douceurs et de gentillesse, « j'étais jeune et jolie, courageuse (cela me faisait une belle jambe !). « Adieu, je me mets en ménage avec une autre, ne pleure pas, ton soleil viendra. »

Eh bien si ! Je pleurais, toutes les larmes de mon corps, il se mettait en ménage avec une autre, cette franchise inutile me faisait mal. On en préférait une autre parce que j'étais une pauvre fille. Je traînais mon désespoir dans chaque coin de la maison en proie à de violentes crises de larmes. Un jour, je serrai les poings, essuyai mes pleurs. Oui, me dis-je, on me dédaigne, mais puisque c'est ainsi, j'y arriverai !

Cette promesse que je me fis, je devais la tenir...

Cette expérience me marqua, je me disais que l'on récompense mal les gens qui font leur devoir. Cette femme ayant abandonné en grand secret ses enfants trouvera sur son chemin quelque beau monsieur avec qui elle se fera une situation enviable.

Il n'était pas question que je regrette la présence de mes enfants, nous étions si heureux tous les quatre ! Ils n'étaient pas outrageusement gâtés, mai je faisais néanmoins tout pour leur bonheur.

Nous allions maintenant en vacances, tous les ans. Mario aimait la peinture et le dessin, et je l'envoyai aux Beaux-Arts du Mans. Jean-Jacques aimait le sport et fit de la compétition de roller-skating (patins à roulettes). Angelina fit de la danse et ensuite de la guitare.

Mais je ressentais cette aventure comme une injustice. Injustice des hommes, comme celle qui avait permis de me mépriser au point de priver un enfant d'une famille.

Je pensais souvent à cela, je savais que je remplissais bien mon rôle de mère de famille et que j'aurais pu élever Patrick. Je ruminais ces pensées dans des monologues intérieurs. Seule avec les enfants, je ne pouvais avoir avec personne des conversations sérieuses. Et devant toute l'injustice des hommes et de la vie, je me sentais tellement seule, tellement impuissante que l'idée me vint d'adhérer à un mouvement féminin dès que l'occasion se présenterait.

Elle se présenta. Je fis connaissance avec l'Union des Femmes Françaises. J'adhérai au mouvement, ce devait être en 1975.

Certains jours, le souci de notre avenir venait me harceler de manière lancinante. C'était à se cogner la tête contre les murs. Que faire ? En allant à ma banque, je trouvai une publicité pour une école de préformation dans la région. Le métier d'infirmière m'avait toujours attirée. Cette école agricole préparait à l'examen d'entrée d'école d'infirmière. Cela me tentait.

Pendant les neuf mois de cours, nous étions payées au S.M.I.C. Mais il y aurait eu un certain laps de temps avant de toucher le premier mois car cela me changeait de caisse pour les allocations, il faudrait une nouvelle réorganisation et pendant ce temps, continuer à payer le loyer et pourvoir aux besoins des enfants. Mais surtout, surtout, il fallait que je quitte mon travail sans être sûre de réussir. Si j'avais été seule, j'aurais pris ce risque, mais avec les enfants, je ne pouvais me lancer à l'aveuglette. J'abandonnai ce projet. Je voyais une dame à C... pas beaucoup plus grosse que moi qui conduisait les autocars. Cela me donna une idée. J'allai me renseigner à son entreprise des possibilités d'emploi. Ce fut assez encourageant. J'avais quelques économies, alors j'allai m'inscrire pour le permis P.L. et transport en commun. Il fallut compter environ un an pour l'obtenir. C'est pendant cette période que je fis la connaissance de Clément présenté par une copine.

23

CLÉMENT était en instance de divorce et supportait mal la solitude. Il descendait chaque samedi à T... et repartait le lendemain. Le dimanche, c'était pour ses gamins, disait-il.

Et moi qui n'avais pour mes enfants que des pères qui les avaient si facilement oubliés, je me disais : « Quel bon papa ! »

Qu'il passât ses dimanches avec ses enfants, je trouvais cela très bien, d'autant plus que cela m'arrangeait. Ainsi je continuais à sacrifier mon jour de congé à ma famille. Maman m'avait tellement aidée, je lui devais tant, que je me sentais remplie d'obligations envers elle.

Lorsque je connus Clément, je préparais donc le permis de transport en commun. Et ce fut en

1976 que je découvris pour la première fois et que j'aimais pour toujours mon petit coin de Berry, ma vallée de la Creuse, celui-là même qu'avait adoré George Sand. J'y passais des vacances merveilleuses et Clément vint m'y rejoindre.

Sur la plagette, j'avais emmené, comme seule distraction, mon livre de code et profitais des instants de solitude pour rabâcher ce qui devait me rester en tête.

Avec Clément, cela marcha à peu près pendant six mois, puis je sentis comme un refroidissement dans notre relation, et c'est là que je décidai d'aller habiter au Mans. Je pensais qu'il était fatigué de faire la route et qu'en me rapprochant, cela renouerait les liens.

Cela reprit un peu, mais ne marchait pas très bien. Il n'était pas tellement disponible. J'appris plus tard qu'il sortait de son côté, en joyeuse compagnie, allant au bal jusqu'à Tours.

Un jour, le jour de la fête des Mères, il vint sonner à ma porte avec une mine de catastrophe. Son fils de 17 ans s'était tué dans un accident de voiture en sortant avec des copains. Il fut désespéré et je partageais son chagrin. J'étais la première personne vers qui il était venu. Dans cette circonstance, je pensais donc représenter plus pour lui qu'une petite amie de passage que l'on aurait oubliée dans de si graves moments. Pourtant, quelques semaines plus tard, au bal du 14 juillet, il s'amusait royalement, dansant dans les bras d'une autre femme, le corps de son fils à peine refroidi. Ah ! que l'on vienne me parler des bons pères de famille ! Ecœurée, je lui donnai congé.

J'obtins mon permis de conduire poids lourd et transport en commun. J'étais folle de joie, imaginant déjà le « brillant avenir » qui allait s'offrir à moi. Sans perdre un instant, je m'inscrivis partout où le travail ne nécessitait pas de force physique, pour le transport de gros paquets par exemple.

Puis, j'allai me présenter dans une société de transport en commun qui embauchait, mais elle refusait les femmes...

Ceci me fit perdre confiance en moi et je fus un temps avant de reprendre quelques initiatives.

Un jour, cependant, je décrochai le téléphone et mon premier emploi à mi-temps dans les transports. Sans quitter mon travail, je groupai les heures que j'effectuais chez mes patrons avec leur accord, bien sûr, ceci me permettant de rouler trois heures à un transport scolaire avant ma prise de service chez eux : soit onze heures de travail par jour avec un casse-croûte le midi pendant plusieurs mois.

La chance continuait à me sourire. Je fus embauchée aux autobus de la ville en octobre 1977. Mon salaire n'était pas loin de doubler ! Il était temps car Mario entrait dans le monde du travail, Jean-Jacques en secondaire. Les allocations familiales diverses diminuaient et les charges restaient les mêmes.

J'avais rêvé de donner un métier à Mario. Je n'avais pas tellement le choix. Les études et lui...

Il devint apprenti peintre en bâtiment. Au bout de deux ans, il envoya tout promener. Je pensai ensuite qu'il pouvait devenir paysagiste, mais il n'était pas trop costaud et ce fut aussi un échec.

Moralement, il était resté gamin et n'avait aucune idée personnelle. Aujourd'hui, c'est un simple manœuvre dans une usine. Il est relativement heureux de son sort. N'est-ce pas le principal ?

Financièrement, je pouvais donc envisager l'avenir avec confiance, plus besoin de m'embarrasser d'hommes tous plus traîtres les uns que les autres !

Mon travail me plaisait malgré les nombreuses difficultés que je rencontrai au début.

Ayant appris à conduire sur un camion, je n'eus pas tout de suite le « gabarit dans l'œil » et cela me valut quelques petits accrochages. Les carrefours n'étaient jamais assez larges. Seconde femme conductrice au Mans, il fallait se faire admettre par les voyageurs peu enclins à l'indulgence.

Je ne connaissais pas la ville et il me fallut apprendre les parcours des différentes lignes. Ce que je craignais le plus, c'était le coup de frein brusque qui bouscule le voyageur. Ce n'était pas toujours facile à éviter lorsqu'on passait d'un bus à la pédale molle à un autre aux commandes plus sèches et il arrivait couramment que nous changions deux fois, voire trois fois de bus chaque jour.

Devant l'émerveillement des hommes et des femmes, je réalisai le taux d'incapacité accordé aux femmes en général. Ce sont elles qui s'étonnaient le plus avec des : « Non, c'est pas vrai ! » Ce refus de croire à la réalité, je le retrouvai quand, me fixant bien en face, une cliente d'un certain âge s'obstinait à me dire : « Monsieur », alors que je ne reniais et ne cachais rien de mon physique de femme.

Je reconnaissais aussi les misogynes qui prétendaient que je ferais mieux d'apprendre à conduire ou d'aller laver ma vaisselle. Cette dame, d'un milieu aisé, déclarant d'un air pincé : « Vous feriez mieux d'arrêter cela, vous allez vous crever ma petite ! » Comme si dans la vie on faisait ce qu'on voulait !

Cette femme plus simple me disant l'air ravi : « Je suis bien contente, moi ; de notre temps, on était bête, les jeunes, eux, se débrouillent ! »

Celle-ci qui m'avoue au moment de descendre : « J'ai fermé les yeux pendant tout le parcours et je me suis imaginée que c'était un homme qui conduisait. Eh bien, je n'ai pas trouvé de différence ! » Qu'il fallait de façons pour faire un compliment !

Quelques années plus tard, je pus m'acheter ma maisonnette dans un petit coin tranquille du Mans, non loin de mon travail.

Il n'y avait plus à la maison que deux grands enfants qui connaissaient l'existence de Patrick. Je m'étais toujours dit que s'il revenait un jour, il serait fier de nous. Le temps de sa majorité étant passé, je pensais que s'il avait voulu me retrouver, il l'aurait déjà fait et je perdis espoir...

Ce fut à cette époque où je suis devenue conductrice de bus que j'entrepris de régler mon divorce. Il y avait donc quinze ans que nous étions séparés, pendant lesquels le père de Jean-Jacques n'était jamais revenu le voir et n'avait jamais versé un centime de pension. Pourtant, le juge lui maintint son droit de visite ainsi que la pension dérisoire mensuelle de 100 F pour un enfant en 1977 !

Il eût fallu une nouvelle procédure pour faire réviser cette pension... Pour Mario, écoutant les conseils de tous, j'avais porté plainte plusieurs fois pour non-paiement de pension alimentaire. Cela me faisait de nouveaux frais, je perdais ma journée de travail et je n'obtenais rien.

Alors, je laissais courir, élevant seule mes enfants.

Puis un jour, inquiète, j'allai me renseigner chez un avocat. Mes maris, incapables de subvenir à leurs besoins pendant leur période active, ne demanderaient-ils pas une pension à leur enfant ?

Cet avocat, plus honnête que les autres, ne me conseilla aucune démarche, car, dit-il, « il faut entreprendre une procédure pour faire perdre les droits paternels. C'est long et difficile car cela revient à dire que le père et le fils sont des étrangers et même comme cela, il n'est pas dit que les enfants ne soient pas obligés de payer pour leur père. Je sais que la loi est mal faite, ce n'est pas juste, mais ni vous ni moi ne pourrons rien y changer »

La loi est mal faite, tiens mais je m'en étais déjà aperçue !

Pas besoin de procédure pour faire perdre les droits d'une mère !

24

A l'Union des Femmes Françaises (U.F.F.), j'ai connu Monique. Nous sommes devenues très vite deux grandes amies. Deux sœurs. Chez moi, il y a toujours une assiette pour elle et sa fille. Nous partageons tout : les idées, les joies et les peines. J'admire souvent sa bonne humeur. Pourtant elle est atteinte d'un cancer.

Séparée de son mari, elle n'a pas de pension alimentaire pour elle et à peine pour ses enfants. Sa santé ne lui permet pas de travailler. Elle est donc dans une situation précaire. Son mari vit dans la maison commune et garde bateau et caravane achetés avec l'argent des parents de Monique.

Le 8 mars 1981, pour la journée des femmes, nous nous rendons à Paris au congrès de notre mouvement.

Il ne faut pas confondre avec un quelconque M.L.F. Notre mouvement est plein de dignité. Il lutte pour une vie meilleure de la femme, pour le couple, pour la famille. « Egale, mais différente » est notre devise.

Quelles journées formidables ! De l'amitié, de la joie ! Ces femmes venues de tous les coins de France, de Corse apportant des spécialités de leur région, fabriquées le plus souvent par elles pour le buffet du soir qui clôturera ces journées mémorables.

Journées de travail où nous pouvons participer à différents « carrefours ». Je choisis évidemment le carrefour des femmes seules. Je raconte mon histoire. Je suis fort applaudie lorsque je termine en disant que la fille incapable de s'organiser dans la vie a élevé seule ses trois enfants et qu'elle est devenue chauffeur d'autobus.

J'écoute aussi d'autres récits. Histoires émouvantes ou choquantes qui nous laissent souvent la gorge nouée et les larmes aux yeux.

Une avocate est là, attentive et répond à nos questions. Mais il y a toujours une femme qui se lève pour dire : « Oui mais, j'ai demandé... On m'a répondu... »

Nos droits ne sont pas respectés. Il y a loin de la théorie à la pratique.

Du congrès, j'ai gardé deux amies : Françoise, de La Roche-sur-Yon, séparée d'un mari qui n'a plus toute sa raison et dont elle ne peut divorcer. Dernièrement, lors d'une sortie d'un établissement psychiatrique, il menaça sa mère d'un couteau.

Cet homme dangereux a eu la garde de son fils et gardera le droit de visite sur ses filles !

Aujourd'hui, le gamin est un petit délinquant et on aimerait que la mère le reprenne... après le lui avoir refusé.

Un cas qui m'a profondément choquée, celui du père violeur qui, à la sortie de prison, conserve le droit d'emmener ses filles avec lui !

Et toi, Noëlle, mon amie, ma correspondante du Morvan, mère indigne qui a commis la faute impardonnable d'aimer un autre homme que ton mari ! Quelle patience tu as pour continuer à aller voir des enfants qui te tournent le dos, tant ils sont montés contre toi ! Qu'importe, tu seras heureuse avec ton nouveau mari parce que tu le veux !

Le ciel est sombre et bas. Il a plu toute la journée. Il fait presque nuit. La rue luisante reflète les premiers feux dans mes yeux fatigués.

A circuler ainsi pendant des heures, le temps me semble long.

Je sens les voyageurs de mauvaise humeur par ce temps maussade. Il faudrait peu de choses pour qu'ils grognent...

Une grande femme aux cheveux bruns et aux lunettes bien campées sur son nez entre dans l'autobus.

Elle reste debout près de moi. Je devine qu'elle a envie de parler. Et bientôt, en effet, elle commence, évoque le temps qu'il fait : « Ce n'est pas cela qui remet le moral, depuis ce matin que je suis à la recherche de travail ! ».

Je sens beaucoup de détresse dans ses paroles. Nous bavardons. J'apprends ainsi que Sylvie vient de Tours où, malade, elle a été rejetée par son mari, loin de son fils et de la jolie maison où elle avait mis tant d'elle-même. Son mari y a installé sa maîtresse et n'est condamné qu'à une pension de cinq cents francs par mois à titre d'avance sur la maison. Ma pauvre Sylvie, on lui fait manger son capital avant même qu'elle l'ait récupéré !

Je consacre mes congés de Noël pour l'aider. Je lui trouve un petit deux-pièces sous les toits. Je tapisse, je peins et, avec Monique, grâce à nos voitures, nous la déménageons.

Son nouveau voisin, qui vient lui aussi de traverser une dépression nerveuse, m'appelle souvent en urgence. Quand il me voit arriver, il s'écrie : « Ouf ! Me voilà tranquille, le bon Saint-Bernard est arrivé ! »

Mais je trouve Sylvie dans un état pitoyable ; elle ne garde plus la nourriture, ne tient plus debout et est en proie à de terribles crises de larmes... Pourtant, elle remonte un peu la pente. Je lui trouve deux enfants à garder. Cela la fait sortir, la distrait de ses sombres pensées et arrondit ses fins de mois.

25

J'AI connu Fatima dans mon autobus, alors qu'elle tournait en rond, essayant d'apercevoir ses enfants jouant sur le parking de son ancienne cité.

Elle est marocaine. Elle a rejoint son mari en France, a quatre enfants et ne connaît pas un mot de français.

Elle a cependant sympathisé avec sa voisine de palier qui préfère le mari. Au bout de quelque temps, décidés à vivre ensemble, ils la flanquent dehors, gardant les enfants dont le plus jeune a 2 ans.

Pendant quelques mois, ce sera dur pour elle, une vie d'errance, Fatima ne parle pas français, n'a pas de carte de travail, elle couchera chez des amis, tantôt chez les uns, tantôt chez les autres.

Cela a dû être très dur pour elle et quand elle me dit avec son accent rigolo : « Ma pauvre Jane, plus môbles, plus maison, plus rien ! », je ressens encore tout l'effroi qu'ont dû lui inspirer ces tristes moments.

Elle essaie de trouver du travail, en vain, jusqu'au jour où, se rendant dans une agence intérim, le directeur prend pitié d'elle. Il l'emmène à la Préfecture où on lui fera faire des ménages et obtenir les papiers utiles. Bientôt, elle aura une place comme employée dans l'administration.

Elle est brave et gardera des heures de ménage en plus et, se privant beaucoup, elle se constituera bientôt un très joli intérieur.

Elle est débrouillarde, aussi elle apprend très vite le français et restera très amie avec le directeur qui l'a sauvée. Elégante, très européenne, elle ne tarde pas à lui plaire et il la comblera de cadeaux, elle devient plus qu'une amie.

Mais Fatima pense toujours à ses enfants, elle en sera privée des années. Pourtant, un jour, un espoir, la loi française ne s'occupe pas d'eux puisqu'ils sont mariés sous le régime marocain ! Une assistante sociale de la Préfecture essaiera de parler au mari et il commencera à lui confier les enfants, le dimanche quand ça lui dira.

Un jour, il en a assez des gosses, quatre, plus autant avec sa maîtresse ; il commence à envisager la possibilité de les rendre à sa femme, gardant évidemment l'aîné qui travaille et rapporte un salaire.

Fatima, heureuse, me parle de ses projets. Au risque de la décevoir et de la choquer, je lui tiens ce langage :

— Je sais, ma pauvre Fatima, tu es une mère et tu es malheureuse d'être séparée d'eux, mais qu'est-ce qui va arriver si tu les prends ? Il va te payer une pension quand il y pensera et gardera certainement un temps les allocations. Tu as un joli intérieur, tu ne vis pas mal, tu as un gentil petit ami ; quand il viendra, tu ne seras plus disponible, tu auras beaucoup de travail, tu seras fatiguée et il ne viendra plus. Tu as bien le droit d'être un peu heureuse et, pour l'être, il faut être dur. Moi, je lui dirais : « les enfants, tu les as voulus, tu les gardes ! »

Fatima est restée pensive un instant et, s'adressant à moi avec reconnaissance, elle me répond :

— Oui, je comprends ce que tu veux dire. Toi, tu es une copine, au moins !

Et parce que les femmes font leur devoir, malgré tout, elle a pris ses enfants et, quelques mois plus tard, lorsque je l'ai rencontrée à nouveau, elle m'a confié :

— Tu avais raison, ma pauvre Jane, c'est exactement ce que tu m'avais dit !

Fatima, surchargée de travail, se défend comme une lionne car c'est une fille qui sait se débrouiller, elle a son intérieur aussi joli, aussi bien tenu. Toute la semaine, elle se crève et, le dimanche, elle est seule car le père vient chercher les enfants chaque week-end. Son petit ami l'a quittée. Dans sa vie, il n'y a que le travail et aucune joie. Elle vit avec ses enfants sur son salaire de smicarde de trois mille francs. J'ai retrouvé Fatima bien fatiguée après une opération. Deux mois d'arrêt de travail. Son maigre revenu se trouve encore diminué. Je la retrouve découragée, enlisée dans de nouvelles difficultés financières. Lorsque nous nous sommes séparées, j'avais une pierre sur le cœur. C'est trop injuste de la voir si jeune et si belle à une époque où la vie devrait être magnifique ! Passer sa vie comme ça !

Presque toutes les femmes seules de son milieu se débattent dans des conditions financières atroces, conservant avec peine un toit sur leur tête, celles qui travaillent gagnent à peine de quoi survivre, celles de plus en plus nombreuses qui ne trouvent pas de travail...

Elles n'ont que deux solutions : le suicide ou se recaser trop vite et souvent encore plus mal...

Et je pense à cette génération précédente dont faisait partie ma mère, obligée de se prostituer pour nous élever et à Fatima, dont les enfants sont retournés avec le père, restée seule dans un logement trop grand pour sa bourse ; elle m'avoue n'avoir mangé que du pain et bu que de l'eau, ce dimanche, faute d'argent. Décidément, les temps n'ont guère changé pour les femmes !

De plus en plus, ces histoires me pesaient sur le cœur. Mon travail me plaisait, j'aimais le contact avec les gens. Mon fils et moi, n'étions pas les seuls à être victimes d'une justice qui n'existait pas.

C'est ainsi que j'aidais toutes les femmes que je pouvais dans ma ville et que j'échangais une importante correspondance avec des solitaires aux quatre coins de la France.

26

IL était 21 h 30, en ce soir d'avril 1980. Je rentrais de mon travail, fatiguée d'une journée passée dans la circulation.

La soirée était douce pour la saison et la nuit étendait son ombre. Jean-Jacques reconnaissant le son de ma voiture vint à ma rencontre jusqu'au petit portail vert du jardin et, sans préambule, me dit :

— Il faut que tu téléphones à Patrick !

Croyant qu'il se trompait de prénom, je le fis répéter, mais le prénom ne changea pas.

Je n'aimais pas que l'on blague à ce sujet, et de mauvaise humeur, je le rabrouai.

Tout en marchant, nous étions arrivés à l'intérieur de la maison et Jean-Jacques soutenait toujours ses propos, appuyés maintenant par Angelina.

Heureux, il me poussait vers le salon où, près du téléphone, un papier avec un numéro attendait. Je fus bien forcée d'y croire.

Les jambes coupées, les mains tremblantes, je dus m'asseoir un instant sur le canapé. Il me fallait mettre un peu d'ordre dans ces idées qui me venaient et se bousculaient maintenant dans ma tête.

Tout à coup, je fus prise d'une sorte d'impatience et je composai, tremblant plus fort, le numéro.

Une voix d'homme me répondit...

— Allô Patrick ? C'est ta mère.

— Oui, on a appelé tout à l'heure et je ne sais pas qui a répondu.

— C'est Jean-Jacques, mon fils ; tu vas retrouver ton frère Mario, un demi-frère et une demi-sœur. Mais toi comment m'as-tu retrouvée ?

— Par le téléphone. Je savais que tu habitais Le Mans et nous avons eu l'idée de chercher dans l'annuaire.

— Mais toi que fais-tu ?

— Pour le moment, je suis au chômage. Je suis marié et j'ai un petit garçon.

L'émotion à chaque bout du fil était intense. Nous avions tout à coup tant de choses à nous dire...

— Mais toi, comment as-tu passé tout ça ? demandai-je.

— Je n'ai pas de bons souvenirs. Je me rappelle d'une vieille maison en pleine campagne, ce devait être près de Figeac ; mon père partait le soir à bicyclette boire au village et moi, je restais seul à l'attendre, tard dans la nuit. Il y avait des rats qui couraient. Je suis resté huit jours à coucher dans les cabanes de jardin à ne manger que des pêches. Il a eu de bonnes places, mais n'a jamais su en garder aucune. Quand il n'avait plus d'argent, on déménageait à « la cloche de bois ».

— Non, ce n'est pas possible, c'était à ce point-là ? Mon pauvre petit Patrick, mais vous allez venir me voir ? Où êtes-vous ?

— A Rennes. Mais je n'arrive même pas à imaginer comment tu es ?

— Pouvez-vous venir au prochain week-end ? Tiens, passe-moi ta femme que l'on fasse un peu connaissance.

Une voix douce à l'accent chantant du Midi me répondit. Nous nous mîmes d'accord pour une très prochaine rencontre.

Cette nuit-là, je ne dormis guère et les jours suivants, je m'activais fébrilement pour recevoir mon monde, cherchant un petit lit d'enfant pour coucher ce petit-fils qui me tombait du ciel.

Le samedi suivant, impatiente, j'attendais à la gare, guettant avec anxiété les voyageurs qui arrivaient.

Mon Dieu, quelle émotion, quand je vis apparaître, gravissant les marches du souterrain, mon fiancé d'autrefois. C'était tout son portrait, et je devinai que c'était là mon fils !

Il portait la poussette d'enfant et, près de lui, une femme un peu rousse se tenait avec un bébé dans les bras.

L'émotion est à son comble et des larmes coulent. Avec empressement, je les emmène bien vite chez nous, car nous commençons à attirer l'attention des autres voyageurs.

Nous fîmes simplement connaissance parlant des choses du passé. L'après-midi du dimanche, je descendis tout le monde à C... où Patrick vit pour la première fois sa grand-mère « moins que rien ». Il ne vit qu'une vieille mémé toute ridée aux cheveux blancs qui lui conta par le menu l'histoire de son enlèvement, lui montrant la porte par laquelle il avait disparu sous nos yeux. Patrick fut très sensible et très touché de connaître son frère. Moi, je n'avais que d'yeux pour ce fils retrouvé. J'avais tant de choses à lui dire, à lui demander !

Mon ex-mari s'était mis à boire de plus en plus. Patrick me raconta qu'un jour son père, sans doute au cours de crise de delirium, s'était mis à courir après lui, une étrange lueur dans le regard avec l'intention évidente de l'étrangler. Il ne revint à lui que devant les cris de l'enfant ; depuis ce jour-là, me dit-il, j'aimais mon père parce que je n'avais que lui, mais il me faisait peur.

Sur une carte de France, il me fit le tracé de ses pérégrinations : cela représentait un tour de France avec la région Nord en moins. D'après le nombre de saisons qu'il avait vues, il pensait avoir passé un an en Espagne. Vers l'âge de 9 ou 10 ans, il était arrivé avec son père dans la région des Bouches-du-Rhône. Celui-ci travaillait dans les cultures et ils prenaient pension tous deux dans un café. Le pauvre gamin était livré à lui-même toute la journée, aussi la brave femme qui tenait le commerce, croyant bien faire, persuada son père de placer Patrick et c'est ainsi qu'il abandonna son fils dans une institution privée. A l'âge de 13 ans, il fit une fugue et réclama sa mère. La directrice lui répondit sèchement que : « Ce n'était pas leur affaire. »

Nous parlâmes de longues heures de la vie passée, de la famille, de « notre » village espagnol, de son père. Je voulais tout savoir de ce grand fils qui me revenait.

Je devenais d'un seul coup grand-mère, belle-mère, mais c'était difficile. Je venais avant tout d'accoucher d'un grand fils dont j'ignorais la vie entière.

J'oubliai peut-être ma belle-fille qui se sentait un peu exclue de ces rapports familiaux nouveaux. J'appelai obstinément Dimitri, mon petit-fils, par le prénom de Patrick, faisant sans m'en rendre compte un report de personnalité.

Patrick, de son côté, était à la recherche des ses racines, curieux de connaître sa famille maternelle, sa prime enfance. Je lui donnai son carnet de santé, des photos de lui, bébé. D'une tante, je lui fis lire des lettres que j'avais conservées. Il retrouvait les fragments d'une vie dont on l'avait amputé. Il était comme un affamé qui avait mal à l'estomac.

Devant une photo de Mario enfant, amer, il me dit : « C'est moi qui aurais été heureux de grandir avec un petit frère mignon comme ça. »

Avais-je bien agi en quittant son père ? Je lui posais la question.

— Oh ! me répondit-il, j'aurais été plus heureux parce que près de toi, mais mon père buvait, nous aurions été malheureux tous ensemble.

Tout me donne à penser que j'ai élevé des enfants heureux. Mais c'était une situation difficile. Patrick venait le cœur plein d'espérance réclamer vingt ans d'amour maternel. On ne rattrape pas toute une vie gâchée.

Patrick, mon fils, nous nous sommes retrouvés un jour pour mieux nous perdre. Ton cœur a débordé d'amertume. Après le temps de la joie est venu celui des reproches.

Tu ne pardonnes pas à ton père la vie de chien qu'il t'a fait mener. Tu ne pardonnes pas à ta mère de t'avoir négligé. Tu ne pardonnes pas à la société... Tu ne pardonnes pas aux ouvriers d'être sales et grossiers.

Qui es-tu toi, pour juger les autres ? Un enfant malheureux... Rien... Mais si tu n'es rien, c'est encore la faute des autres...

Te voilà seul, divorcé à ton tour, fermant la porte à tous, vivant replié sur toi. Que fais-tu pour ton enfant ? Rien ou si peu, alors qu'il est si près de toi.

Tu démissionnes car tu penses que c'est à sa mère de s'en occuper comme ça aurait dû être à moi, à moi seule, de m'occuper de toi. Patrick, je ne demandais que cela, mais on n'a pas voulu. J'ai été jugée INCAPABLE.

Oh ! A quoi bon te dire... Tu ne veux pas comprendre.

Comprendre que pardonner, c'est guérir soi-même.

Je profite un peu d'une belle journée d'été au jardin. Assise, les jambes au soleil, la tête dans les lauriers qui embaument mêlant leur parfum à celui de la menthe, je suis là, un peu triste et mélancolique, regardant la vie derrière...

Il ne faut pas croire que je déteste les hommes. Dans ces pages, je n'ai fait que raconter, constater que le plus fort a toujours raison. Je ne suis pas non plus contre la garde des enfants donnée à leur père. Mais enlever un tout petit à sa mère est un crime que Dieu ne peut approuver.

Des femmes françaises partent réclamer leurs enfants au consulat d'Algérie, mais partout en France, il y a des femmes qui ne peuvent faire respecter leur droit de visite : enfant trop loin, raison financière, peur de l'ex-conjoint ou mauvaise volonté de celui-ci...

Si les garçons et les filles étaient élevés différemment avec le sens des responsabilités, du couple et de la famille...

Si on apprenait aux garçons à ne plus être de petits machos...

Si on apprenait l'amour...

Car je ne terminerai pas ce récit sans lancer un appel à l'amour à vous qui me lirez : hommes et femmes.

Si le vôtre ne « colle » plus, n'essayez pas de vous venger avec vos enfants.

Un enfant n'est pas une monnaie, un objet de chantage. L'élever coûte souvent bien de la peine et des sacrifices. Que ceux qui veulent se venger en se servant d'eux y réfléchissent. Plus tard, ce seront des hommes et des femmes qui les jugeront.

I.M.L.
LE MANS

Dépôt légal : avril 1988